ROBERTO BRUNO

SUPER
PROFESSIONISTA

Come Accelerare La Tua Leadership Professionale In 5 Semplici Mosse Con Il Metodo U.N.I.C.O.

Titolo

Super Professionista

Autore

Roberto Bruno

Editore

Bruno Editore

Sito internet

http://www.brunoeditore.it

Sommario

Introduzione

A scuola sono sempre stato il più piccolo della classe: ho iniziato le elementari a 4 anni e, complice la mia carnagione scura, capelli nerissimi e statura non proprio da giocatore di basket, mi sentivo un po' il Calimero della situazione – e qualcuno mi ci chiamava anche così!

Perciò la storia di Calimero un po' mi appartiene, ma mi è sempre piaciuto vederla in modo diverso da quella originale, da un'altra angolazione, e proprio da lì è partita l'idea di scrivere questo libro. In circa 20 anni di lavoro ho ricoperto quasi tutti i ruoli professionali, sono stato un dipendente, un libero professionista, ho gestito persone e sono stato un imprenditore. L'esperienza che ho accumulato mi ha permesso di avere una visione a 360 gradi sul mondo del lavoro, trovando dei punti in comune in merito alle strategie di successo da applicare.

Ma voglio partire dalla storia originale del personaggio che ha ispirato l'inizio di questa storia.

C'era una volta Calimero, un pulcino che accidentalmente finisce in una pozzanghera sporcandosi al punto da diventare completamente nero, tanto da non essere riconosciuto nemmeno più dalla madre.

Calimero inizia a vivere la sua situazione come un'ingiustizia, sentendosi sfigato per tutto quello che gli accade… e proprio perché si tira la sfiga addosso da solo si imbatte in una serie di disavventure che lo portano ad affrontare tutte le vicissitudini di chi, essendo differente dalla massa e dallo standard sociale, viene continuamente additato e criticato.
Gli altri non lo riconoscono come un simile e si prendono gioco di lui, dicendo che è diverso e che non appartiene alla cerchia dei "pulcini" veri.

Calimero soffre tanto del fatto che gli altri non lo riconoscono e vaga sconsolato per le strade di città, finché ad un tratto incontra una donna, l'olandesina, che gli dice: vieni Calimero che ti risolvo io tutti i problemi!

L'olandesina "illuminata" a questo punto ha un'intuizione e capisce tutto, capisce che forse la situazione è più chiara di quanto si pensi e che Calimero sta così male perché, preso dal problema, non riesce a vedere la soluzione dall'esterno e non è capace di analizzare la situazione da un diverso punto di vista.

Ed ecco che l'olandesina immerge il pulcino nel detersivo facendolo tornare bianco, anzi giallo…
Ecco qui che avviene il riscatto sociale, la dimostrazione che il pulcino non è nero ma solamente sporco!

La colpa non è sua ma della sfiga che l'ha fatto cadere nella pozzanghera… meno male che la fortuna improvvisamente torna a sorridergli, proprio come un raggio di sole in una giornata triste e uggiosa.

La storia di Calimero sembra la storia di ognuno di noi: non c'è storia più attuale per descrivere come tutti pensano che la loro vita professionale sia guidata in qualche modo dalla sfortuna o dalla fortuna che, se arriva al momento giusto, ci fa entrare nella cerchia dei "pulcini" eletti e fortunati.

Ognuno di noi incolpa la sfiga quando gli capita qualcosa all'improvviso, sì proprio quella sfiga che non ti fa avere il successo che vuoi perché non sei nato con la camicia o perché non hai la spintarella giusta, quella sfiga che ti fa perdere il lavoro e ti ritrovi col culo a terra, la sfiga di chi non può fare il lavoro che ama perché c'è la crisi e bisogna accontentarsi.

Allora resti ad aspettare quella botta di culo che arriverà presto… perché te la meriti, perché deve iniziare a girarti bene prima o poi… prima o poi…

In questi tempi di difficoltà e cambiamenti economici deve nascere una nuova figura, un Calimero dei tempi moderni, nipote del precedente e più evoluto e tecnologico, figlio della crisi, della concorrenza, del tutti sanno fare tutto, dei corsi di 2 ore che ti fanno diventare un genio, dell'on-line, dei social, dei big data e dell'intelligenza artificiale… insomma un Super Professionista dei tempi moderni, un Calimero 4.0.

Il Calimero 4.0 si adatta a questo stato di cose, è un Calimero più consapevole, che capisce che la "sfiga" non esiste e molto probabilmente nemmeno la fortuna…

Il nuovo Calimero capisce che il nonno non aveva avuto sfiga ma una gran fortuna, la sua in realtà è stata una grande opportunità persa… sì proprio così, spesso la vita ti mette davanti a delle opportunità velate e tu nemmeno te ne accorgi. Basta cambiare prospettiva, pensare a come si può sfruttare a proprio favore una situazione apparentemente complicata.

Le cose non accadono a te, accadono per te, per farti evolvere e staccare dal pensiero statico di chi incolpa l'esterno per non prendersi la responsabilità di ciò che gli succede.

Calimero 4.0 questo lo sa bene, è un leader, sa che la grande opportunità dell'essere diverso dagli altri sta nel rendersi riconoscibile, staccarsi dalla massa tutta uguale dei professionisti e fare la differenza lasciando la propria, unica, impronta.
Per questo, senza perdersi d'animo, si tuffa volontariamente nella pozzanghera per sporcarsi.

È consapevole che oggi può usare la sua diversità come un punto di forza per distinguersi ed essere unico!

Questo libro nasce dalla voglia di offrire una visione alternativa alle teorie dominanti, Calimero 4.0 è la metafora della differenziazione, figlia di un pensiero critico che oggi non può non esistere.

La ricerca spasmodica di informazioni, il contrasto tra le visioni quando si cerca di arrivare a una verità unica, deve necessariamente passare attraverso un cambio di direzione. Ognuno di noi deve prendere le distanze dai dogmi e cercare i punti in comune tra le tante utili verità accademiche.

Abbracciare una teoria, prenderla come unica verità, ti induce a sviluppare e irrigidire un insieme di credenze e convinzioni che poi diventeranno il filtro con cui guarderai e interpreterai la realtà.
Non c'è una sola strada per il successo professionale, ci sono solo tante strade con paesaggi diversi, che offrono esperienze diverse.

Certo, forse qualcuna è più corta delle altre… come è vero che la strada più lunga offre un'esperienza più ricca, con più dettagli, più interazioni, più incontri ed esperienze emozionali. La domanda è: qual è il tuo obiettivo? Di cosa hai bisogno oggi?

L'unica verità è la tua unicità, la tua impronta digitale nessuno te la toglie… è a partire da questo che il professionista moderno deve ragionare su quale sia la sua autenticità, il suo scopo, il suo marchio di fabbrica, al fine di sviluppare una leadership che sia chiara e riconoscibile perché unicamente sua.

Quello che ti invito a fare è di ampliare la tua conoscenza, studiare da diverse fonti, andare ad analizzare punti di vista opposti in modo critico. Solo in questo modo potrai davvero scegliere la tua strada e specializzarti diventando *cintura nera della tua unicità*.

Come ho trovato la mia strada? Semplicemente, cercandola.

Capitolo 1

Unicità: come differenziarsi dall'ordinario

1.1 I valori profondi

Cosa sono i valori? I valori non sono altro che le tue fondamenta.

Le tue azioni, le amicizie, le relazioni sociali e i tuoi comportamenti saranno influenzati dai tuoi valori profondi.

I valori sono le tue convinzioni, ciò che ritieni sia giusto o sbagliato e che inevitabilmente condiziona la tua vita.

Mettiamo il caso che uno dei tuoi valori profondi sia l'onestà... questo condizionerà il modo in cui interagisci e sarà sicuramente qualcosa che gli altri percepiranno, in quanto trasmetterai fiducia e gli altri potranno sicuramente contare su di te...

Da dove vengono queste convinzioni?

Innanzitutto dalla nostra educazione. I genitori attraverso il loro esempio ti faranno apprendere i valori che ti condizioneranno durante la vita.

In secondo luogo gli amici e le esperienze faranno la loro parte andando a costruire la tua personalissima scala di valori.

Cosa succede quando i nostri comportamenti non sono in linea con i nostri valori?

Succede che avvertiamo una sensazione di disagio e fastidio perché ci troviamo in conflitto con le cose che reputiamo più importanti.

Allinea azioni e valori

La soluzione è allineare le azioni ai valori per agire in modo coerente.

Per arrivare a questo tipo di coerenza devi partire dalla profonda conoscenza dei tuoi valori e di quali siano più importanti tra quelli emersi.

Ogni area della vita ha la sua scala di valori che guidano nelle scelte e decisioni. Ci sono valori principali che ci guidano nelle scelte di vita, valori che riteniamo importanti e necessari nella nostra vita relazionale e valori che guidano le scelte professionali e lavorative. Qui quello che mi interessa farti scoprire sono i valori che ti guidano sul lavoro, quello che non dovrebbe mai mancare per avere una vita professionale per te appagante.

Occorre però identificare i "veri valori", le cose per te più importanti. Spesso, infatti, si fa confusione tra i cosiddetti valori "mezzo" e valori "fine".

I valori mezzo sono quelli che ne nascondono altri che sono i valori fine. Se ad esempio per te nella vita professionale sono importanti i soldi, la domanda che devi farti è: a cosa mi servono i soldi? Può venir fuori che con i soldi vuoi regalarti quella libertà e autonomia che tanto desideri (valore fine).

Quindi come si estraggono i valori?
Inizia a farti queste domande:
Cosa è importante per me nella vita professionale?
Di cosa ho davvero bisogno?

Mettiti in un posto tranquillo
Ti elenco una tabella di valori lavorativi, puoi aggiungere altro che ritieni importante e arricchire quello che già c'è.

<table>
<tr><td>Stabilità</td><td>Flessibilità</td></tr>
<tr><td>Rispetto</td><td>Essere leader</td></tr>
<tr><td>Non avere capi</td><td>Senso di appartenenza</td></tr>
<tr><td>Soddisfazione personale</td><td>Libertà</td></tr>
<tr><td>Sicurezza</td><td>Stimoli sempre nuovi</td></tr>
<tr><td>Ricevere direttive chiare</td><td>Etica</td></tr>
<tr><td>Divertimento</td><td>Contribuire/aiutare</td></tr>
<tr><td>Lavorare in team</td><td>Creatività</td></tr>
<tr><td>Passione</td><td>Organizzare</td></tr>
<tr><td>Status sociale</td><td>Comodità</td></tr>
<tr><td>Avere relazioni sociali</td><td>Avere obiettivi sfidanti</td></tr>
<tr><td>Ricevere feedback</td><td>Prendere decisioni</td></tr>
<tr><td>Gestire cose o persone</td><td>Lavorare in una grande azienda</td></tr>
<tr><td>Lavorare da soli</td><td>Avere uno stipendio fisso</td></tr>
<tr><td>Fiducia</td><td>Avere uno stipendio variabile</td></tr>
<tr><td>Soldi</td><td>Carriera</td></tr>
<tr><td>Fama</td><td>Approvazione</td></tr>
<tr><td>Lealtà</td><td>Onestà</td></tr>
<tr><td>Professionalità</td><td>Serietà</td></tr>
<tr><td>Rapporto con i colleghi</td><td></td></tr>
</table>

Sei pronto? Allora inizia a scrivere!

- Cos'è importante per me sul lavoro?
- Quali emozioni e sensazioni mi piacerebbe vivere nel mio ambiente lavorativo ideale?
- Cosa non dovrebbe mai mancare nel lavoro della mia vita?

Scrivi la tua lista di valori

Prendi un foglio e inizia… non pensare troppo a cosa scrivere in questo momento, scrivi di getto e cerca di elencare almeno 10-15 valori per te importanti.

Prenditi tutto il tempo che serve, stai facendo un lavoro che cambierà il tuo modo di prendere decisioni professionali.

Se hai scritto di getto la lista ora tornaci su, valuta se da quei valori ne vengono fuori altri che non avevi considerato.

Qual è la tua scala di valori?

Bene, hai fatto un lavoro importante ma manca qualcosa…

È il momento di mettere in scala i valori. Prendi il primo valore che hai scritto e confrontalo col secondo chiedendoti: cos'è più importante per me? A quale dei due non potrei mai rinunciare?

Ad esempio mettiamo che il primo valore che hai scritto sia libertà e il secondo fama, inizia a chiederti: cos'è più importante per me tra la libertà e la fama? A quale delle due cose non potrei rinunciare?

Preferirei una vita libera da obblighi e vincoli professionali, magari avendo meno visibilità e fama, oppure preferirei la fama e i riconoscimenti anche se dovessi vivere sotto scadenze pressanti e con meno libertà?
Fai questo lavoro per tutti i valori che hai elencato.

Ritornando all'esempio precedente: se hai scelto libertà, a questo punto devi confrontare libertà con il terzo valore che hai scritto e il valore che sceglierai continuerà a essere confrontato con quelli che hai scritto dopo.
Se ad esempio libertà vincerà su tutti gli altri, significa che sarà il primo valore della tua personalissima scala!
Cerca di creare una scala almeno di 8 valori tenendo conto che i primi 3 sono quelli più importanti per te.
Guardando ora la tua scala di valori, chiediti:

Sto vivendo la mia vita lavorativa seguendo questi valori? Ciò che faccio adesso è in contrasto con le cose che ritengo più importanti? Ti puoi accorgere che magari non ti senti realizzato proprio perché c'è un contrasto tra le tue azioni e i tuoi valori.

Se per te ad esempio la crescita personale è al primo posto ma sei bloccato in un lavoro o in un ambiente che non ti stimola o che non ti dà opportunità di crescita, allora a lungo andare il tuo corpo e la tua mente ne risentiranno.

Il lavoro rappresenta una delle cose più importanti per il nostro equilibrio psico-fisico. Passiamo gran parte della nostra giornata sul luogo di lavoro e se non ci stiamo bene questa insoddisfazione si porterà dietro tutto il resto.

Con la pratica e allenandoti su queste cose diventerà sempre più semplice per te individuare le cose importanti. Proprio come nello sport, l'allenamento costante ti prepara alla partita!

1.2 Le regole

Che cos'è una regola?

Una regola è una norma di comportamento valida in determinate circostanze. Pensa allo sport ad esempio, in una partita di calcio esistono delle regole precise su chi deve fare cosa, sul fuorigioco, sui falli ammessi o non ammessi, sulle distanze etc.

Cosa accade senza regole? Come si potrebbe vivere senza? Chi giocherebbe una partita di calcio senza sapere come si vince o come si gioca?

Finirebbe per essere tutto un caos in cui vince chi è più spregiudicato.

Se tu dovessi scegliere delle regole per un gioco inventato da te, metteresti delle regole per vincere o per perdere?

Io credo che tu voglia sicuramente vincere al tuo gioco, però a volte fai di tutto per metterti in condizione di perdere… sì, hai capito bene, probabilmente stai giocando al gioco della vita cercando di perdere invece che vincere.

Ti dico questo perché, quando decidiamo ciò che è importante per noi, ci fissiamo anche delle regole che hanno a che fare con il cosa deve accadere affinché tu possa provare quell'emozione e vivere quel valore specifico.

Sei sicuro che le regole che hai scelto ti stanno portando alla vittoria?

Fai un esercizio, prendi la tua scala di valori e scrivi sotto a ognuno di essi almeno 3 regole, e cioè 3 cose che devono accadere affinché tu riesca a vivere la tua scala di valori.

Prenditi il tempo che ti serve e scrivi 3 regole per i primi 3 valori della tua scala.

Esempio:

Valore 1: Successo professionale

Regola personale 1: sento di avere successo ogni volta che qualcuno mi elogia

Regola personale 2: ho successo ogni volta che faccio qualcosa che mi appassiona

Regola personale 3: ho successo ogni volta che le cose mi vanno bene

Ora tocca a te…

Valore 1

Regola 1 --

Regola 2--

Regola 3--

Valore 2

Regola 1--

Regola 2--

Regola 3--

Valore 3

Regola 1--

Regola 2--

Regola 3--

Ore che hai scritto le tue regole osservale bene, osserva il linguaggio con cui le hai scritte.

Ti faccio un esempio: diciamo che il tuo valore più importante nella vita lavorativa sia la passione in ciò che fai. Chiediti: cosa deve succedere affinché io provi passione nel mio lavoro?

La risposta potrebbe contenere ad esempio queste 3 regole:

1.	Gli altri devono sempre apprezzare il mio valore professionale

2.	I miei capi devono darmi sempre maggiori responsabilità

3.	Devo svolgere sempre attività che mi piacciono

Guarda bene queste regole, cosa vedi? Sono regole che ti permettono di vincere o perdere la partita? Da chi dipendono queste regole? Sono sotto il tuo controllo?

Controlla le tue regole e scegli quelle che siano pienamente sotto la tua responsabilità e che non dipendono da fattori esterni incontrollabili.

È giunto il momento di creare un gioco in cui vinci sempre, è ora di mettersi al volante e decidere la strada.

Occorre trasformare il proprio linguaggio mettendo la prima persona all'interno delle frasi, assumendo la piena responsabilità di ciò che accade.

Nell'esempio precedente le 3 regole diventano:

1.   Devo sempre fare in modo di comunicare il mio valore

2.   Devo trovare il modo di meritarmi la fiducia dei capi

3.   Devo farmi piacere anche le attività che non mi entusiasmano ma sono necessarie al mio lavoro

Noti immediatamente la differenza mentre pronunci la frase e la cosa ti dà anche una certa tranquillità, perché sei tu a governare le cose, non devi interessarti delle cose che possono fare gli altri, a volte il comportamento che riceviamo in cambio non è altro che uno specchio di ciò che facciamo noi in prima persona.

Ti manca l'ultima parte del tuo esercizio sui valori guida; ora tocca a te, osserva le regole che hai scritto e se noti qualcosa che ha un linguaggio che non mette te in prima persona cambiale, trasformale e metti i tuoi comportamenti al centro.

Quali regole devo scrivere per vincere al gioco della vita?

Per raggiungere i miei obiettivi lavorativi, quali devono essere i valori in cima alla mia personale scala?

Quale valore, che non ho ancora considerato, mi può avvicinare alla vita professionale che merito?

Quale valore devo far scendere nella mia scala per accelerare il mio successo?

Quale valore devo eliminare per ottenere ciò che voglio?

Bene, hai fatto un lavoro fantastico… ora hai la tua scala di valori e le tue regole uniche.

Questo significa che nel momento in cui dovrai decidere le azioni da fare, questa sarà la tua bussola.

Decidere in base ai valori porta a una gratificazione totale e non hai mai quella sensazione di aver tralasciato qualcosa, poiché hai deciso considerando le cose più importanti per te.

Non mi resta che augurarti di vivere la vita professionale che meriti!

1.3 Lo Scopo

La maggior parte delle persone non ha uno scopo. Prova a chiedere al 90% delle persone che conosci, qual è il tuo scopo nella vita? Come vorresti essere ricordato? Qual è il tuo scopo come professionista? Riceverai come risposta un sonoro boh…! oppure risposte del tipo: vorrei fare più soldi… vorrei una bella casa, una nuova macchina etc.

Questo perché nessuno a scuola ci insegna a farci delle domande in modo critico; ci insegnano la storia, l'italiano, l'economia e tante altre bellissime e utilissime materie, ma nessuno ci parla della leadership personale.

Di conseguenza la mente, che è molto intelligente e cerca di risparmiare energie, si focalizza sulla realizzazione di desideri effimeri e sull'ottenimento di cose tangibili, che rappresentano più uno strumento utile al fine che il fine stesso, evitando in questo modo il dolore o il disagio che la crescita e l'uscire dalla zona di comfort comporterebbero.

Piuttosto si dovrebbero analizzare criticamente i bisogni a lungo termine e i desideri profondi. Diversi anni fa, nel mio precedente lavoro come venditore ho avuto un momento di stallo totale, i risultati erano sempre gli stessi e alzarsi la mattina era diventata un semplice routine, della serie "oggi spero di raggiungere il risultato con il minor sforzo possibile".

Mi stavo accontentando di ottenere risultati mediocri e non stavo sviluppando né sfruttando il mio potenziale.

Non che la situazione mi stesse deprimendo o che non mi facesse dormire la notte, il mio lavoro tutto sommato mi piaceva, lavoravo in Technogym, una delle aziende più belle del mondo e che avevo desiderato tanto ai tempi dell'università e del mio master in marketing; ricordo ancora quando durante il master post-laurea un docente mi disse: tu hai un passato da personal trainer, hai studiato comunicazione, ora stai studiando marketing, cavolo sei la persona giusta per un'azienda come Technogym!

Quella frase la ricordo ancora, perché mi risuonò nel cervello come una campana, Technogym! Che sogno! Ma come avevo fatto fino ad allora a non pensarci!

In effetti non ci avevo davvero mai pensato… conoscevo l'azienda per i favolosi prodotti che vendeva, ero un istruttore in quel periodo e amavo quei prodotti sia quando mi ci allenavo che quando allenavo gli altri, ma la mia mente era talmente chiusa da non aver assolutamente mai pensato di inviare loro un curriculum.

Fu quella frase, pronunciata forse al momento giusto, che mi fece riflettere e attivare. Il giorno dopo mandai un cv sul sito dell'azienda e mi candidai, ricordo che pensai, se mi proponessero anche qualcosa che non ha direttamente a che fare con quello che sto studiando lo accetterei ugualmente… ufficio marketing, vendita, o altri ruoli affini. Questo perché vedevo in quell'azienda il mio scopo specifico, un'azienda che aveva valori in cui credevo e che mi stimolava alla grande. Era diventato il mio obiettivo lavorativo! E sai cosa accade quando hai chiaro obiettivo e scopo? Che questo si realizza… non a caso dopo appena tre mesi dall'invio del curriculum ricevetti una chiamata da una responsabile commerciale che mi proponeva un colloquio per un ruolo da sales account.

Morale della favola: dopo 3 colloqui fui assunto nell'azienda che tanto sognavo!

"Che culo" starai pensando! Che coincidenza assurda, ma si sa che queste cose succedono una volta su un milione… pensare intensamente ad una cosa e quella cosa si realizza, ma va'… oggi se non hai la spintarella non succede nulla, se non conosci qualcuno nemmeno ti prendono in considerazione, se non hai studiato nelle migliori scuole del mondo puoi solo accontentarti di quello che ti arriva. Niente di più sbagliato!

Mi piace dire sempre che "la fortuna aiuta i preparati"; per me significa che se ti prepari adeguatamente, studi, ti alleni a riflettere sui tuoi valori e sul tuo scopo personale e professionale, quando l'occasione busserà alla tua porta sarai pronto e preparato ad accoglierla.

Sta tutto lì: nell'allineamento di obiettivi, scopo e valori. Solo allineando queste cose svilupperai delle convinzioni che ti aiuteranno a comportarti in un certo modo, un modo funzionale al tuo obiettivo specifico. A me fu proprio la convinzione di essere la persona giusta per Technogym che mi fece attivare ed essere al meglio in fase di colloquio.

Pensa alla domanda classica dei responsabili HR quando sei in un colloquio di selezione: perché dovremmo scegliere te? Ecco, questa domanda racchiude il succo di quello che sto dicendo, nel mio caso la mia risposta è stata: perché io voglio migliorare la vita delle persone inculcando l'abitudine al movimento, perché ho un approccio sia pratico visto che sono un personal trainer, sia commerciale-marketing visti gli studi che ho fatto.
I miei valori e il mio scopo erano allineati con quelli aziendali, quindi chi meglio di me?

In quel caso mi era accaduto tutto in modo naturale, non avevo riflettuto molto su quale fosse il mio scopo ma trattandosi di una mia passione mi era venuto naturale parlare in quel modo. Ho sempre seguito la passione e questo mi ha aiutato molto nella scelta del lavoro.

Però proprio quella passione, come ti stavo raccontando, iniziava a dare segni di cedimento… non avevo più gli stimoli iniziali, non crescevo, molto probabilmente erano cambiati anche i miei valori e il mio scopo.

I valori cambiano, mutano a seconda delle esperienze che facciamo e di conseguenza anche lo scopo individuale può seguire strade diverse. E a me era accaduto proprio questo.

Occorre quindi una "chiarezza d'intenti" e la chiarezza si ottiene piano piano facendosi le giuste domande.

Prova ora a indentificare il tuo scopo rispondendo a queste domande:

- Cosa desideri profondamente?
- Quale esperienza, anche non attinente al lavoro, ti ha entusiasmato o appassionato di più?
- Quali sono i tuoi talenti, cosa hai da offrire?
- Di cosa hai davvero bisogno oggi?
- Cosa ti entusiasma e ti appassiona?
- Quali materie di studio ti piacevano di più e perché?
- Che tipo di libri hai letto nella tua vita o che tipo di programmi ti piace guardare in tv?
- Come trascorreresti la giornata se potessi vivere di rendita?
- In cosa potresti essere migliore di altri?

- Quali aspetti ami del tuo lavoro e quali non ti piacciono?
- Cosa ti dà più soddisfazione e realizzazione personale?

All'inizio può sembrare complicato ma l'importante è partire, trovare una direzione anche se non definitiva, e pian piano riuscirai ad aggiustare il tiro.

Lo scopo guida le tue giornate, conferisce un senso a quello che fai e cambia il modo in cui lo fai.

Roberto, mi stai chiedendo una cosa troppo astratta dai! Lo scopo, ma a chi vuoi che interessi del mio scopo?

Potrei risponderti che se hai qualcuno che segui come riferimento nel tuo lavoro, se hai un mentore e lo identifichi come tale è sicuramente perché condividi quello che dice. Molto probabilmente sei in linea con i suoi valori e il suo scopo in quanto, anche se questi non sono espressi, si evincono dal suo comportamento e dalle sue azioni.

Allo stesso modo le persone decideranno di seguirti se hai uno scopo ben definito, perché solo attraverso di esso puoi ispirare gli altri.

Se ti risulta difficile ora stabilire il tuo scopo puoi iniziare a fare piccoli passi, a sceglierti qualsiasi scopo ti ispiri e motivi, qualsiasi cosa ti faccia alzare dal letto la mattina con un obiettivo. Magari non è questo il momento di trovare lo scopo definitivo, può essere anche qualcosa di più semplice all'inizio che ti servirà come strumento per trovare uno scopo più grande poi.

Potresti ad esempio darti lo scopo di prenderti la responsabilità delle cose che accadono, sempre e in ogni circostanza e iniziare a cambiare linguaggio e vedere cosa accade.

Se è vero che la chiarezza è frutto di domande che facciamo a noi stessi in maniera critica, è anche vero che essa deriva dalla ricerca e dalla sperimentazione di cose nuove.

Potresti trovarti a fare qualcosa o a svolgere un lavoro che inizialmente non avresti mai pensato di fare semplicemente perché non lo conoscevi affatto.

Spesso provando materialmente qualcosa che avevamo solo immaginato cambia la nostra opinione al riguardo e di conseguenza cambiano le nostre azioni, offrendo uno spiraglio verso nuovi scopi personali e professionali o rafforzando scopi che erano solo "sbiaditi" e non definiti nella nostra mente.

Se hai iniziato a delineare il tuo scopo prova a rispondere alla domanda: in che modo lo scopo che hai identificato conferisce significato al lavoro che stai svolgendo oggi?

Come puoi migliorare quello che fai oggi a partire da quello scopo?

1.4   Personal Branding

Hai trovato i tuoi valori, hai ragionato sul tuo scopo personale e professionale, solo per questo sei già un passo avanti rispetto a tanti che non hanno mai fatto questo tipo di ragionamenti ed esercizi di pensiero critico.

Ora la domanda è: come comunicherai lo scopo? Come farai a far conoscere agli altri la tua unicità di professionista?

Siamo nell'era del tutti fanno tutto, professionisti tutti uguali, attività tutte uguali, corsi di 2 giorni che ti fanno diventare lo specialista di qualsiasi cosa ti piaccia!

Non conta nulla che hai studiato una vita per fare bene quello che fai, che hai fatto tanta pratica sul campo, che continui a studiare per migliorarti, tanto arriva qualcuno o qualcuna che ha la metà della tua preparazione ma abbassa il prezzo al minimo e vende più di te.

Qual è l'opportunità nel problema?

Queste persone ti fanno indirettamente pubblicità, sono nel tuo settore, ne parlano, non rubano clienti a te anche perché non puoi avere tutti i clienti del mondo. Fai bene il tuo lavoro, studia, aggiornati e vedrai che quando verranno da te scopriranno la differenza. Non curarti degli altri; il focus è su come puoi essere migliore di ieri.

Guardare alla concorrenza in modo non critico ti toglie energia. Hai i tuoi valori, il tuo scopo, la tua unicità, non puoi paragonarti a qualcuno.

Quando ho iniziato a fare il lavoro di formatore e coach mi sono scontrato tantissimo con questo problema, studiavo dalla mattina alla sera dei modi per differenziarmi e per emergere, del resto avevo studiato per anni non sentendomi mai pronto, ero con due piedi in una scarpa, lavoravo come venditore e nel weekend facevo formazione e consulenza, sempre con la paura di non essere ancora pronto a lasciare definitivamente il mio vecchio lavoro perché dovevo studiare ancora tanto e fare esperienza.

E allora ho divorato libri, corsi di formazione che parlavano dell'argomento cercando quell'illuminazione che mi facesse fare quello scatto mentale che mi serviva.

Per questo ho cominciato ad approfondire il Personal Branding e cioè la capacità di far emergere la mia figura di professionista come un'azienda fa col proprio marchio, ho adottato strategie di self-marketing e potenziato tutte quelle abilità fondamentali per la riuscita nel business.

Poi ho capito che la cosa fondamentale era trovare il mio scopo e chiarire ciò che volevo davvero fare di differente. Dopo di che è stato tutto più semplice e immediato.

È proprio conoscere il tuo scopo a rappresentare la tua unicità, il tuo perché, la tua reason why.

A partire da esso puoi sviluppare la tua strategia attraverso un ragionamento che parte dalla fine e procede a ritroso verso l'inizio, usando cioè le dinamiche del pensiero inverso.

Simon Sinek nella sua teoria del Golden Circle afferma che le persone non comprano ciò che fai come azienda o professionista, ma *perché* lo fai.

Lui afferma che la maggior parte delle aziende comunica a partire dal cosa, cioè dal prodotto/servizio, per poi passare al come, che consiste nello spiegare le caratteristiche dei prodotti, come vengono fatti e a quale esigenza rispondono.

Quindi tutte le aziende sanno ciò che fanno e come lo fanno ma sono davvero poche quelle che conoscono il loro perché e la loro reason why e sono in grado di comunicarli.

Studiando invece la maggior parte delle aziende e delle persone di successo Sinek ha scoperto che queste ragionano al contrario, cioè partono dal *perché* per arrivare al *cosa* solo alla fine.

Partendo dai perché vanno a colpire direttamente la parte più irrazionale del nostro cervello, il sistema limbico, creando fiducia ed empatia e facilitando anche il processo di acquisto.

Come insegna la psicologia, le nostre decisioni sono prese quasi sempre a livello emotivo per poi essere giustificate dalla razionalità. Quindi, seguendo il processo inverso, comunicando in primis il nostro scopo ci rendiamo unici e non entriamo in competizione con gli altri e dopo averlo espresso possiamo passare a parlare del come e del cosa.

Ti faccio un esempio di come funziona il processo, parlandoti direttamente del mio lavoro.

L'esempio su di me potrebbe essere il seguente:

Comunicazione standard: Vendo corsi di formazione e consulenze sulla leadership professionale (cosa faccio), lo faccio sia attraverso un percorso in aula che con incontri di coaching e consulenze one to one rivolte a professionisti e manager presso la loro azienda o studio (come lo faccio), ti interessa?

Comunicazione inversa: Aiuto liberi professionisti e manager a incrementare la propria leadership professionale, a sviluppare la propria carriera a partire dalla loro unicità e a diventare leader della propria categoria di business (scopo).

Per questo organizzo percorsi formativi teorico-pratici a numero chiuso che prevedono incontri di coaching e giornate d'aula per lavorare al meglio sulla singola persona (come lo faccio).

Sono disponibile per percorsi sulla leadership professionale, professional coaching e consulenze mirate (cosa faccio), vuoi unirti ad altri professionisti e tirare fuori la tua impronta digitale?

Noti la differenza di impatto? Nel secondo esempio inizi a fare self-marketing e Personal Branding a partire dal tuo scopo unico e specifico.

Ci sono molte scuole di pensiero sul Brand Positioning e sul Personal Branding.

Innanzitutto vale la pena di ricordare che il concetto di "brand" nasce dalla marchiatura a fuoco effettuata sugli animali, che aveva lo scopo di rendere riconoscibile un animale rispetto ad altri. La parola "positioning", invece, venne introdotta nel 1972 da Jack Trout e Al Ries, due pubblicitari statunitensi, che affermarono che le persone hanno una scala mentale per ogni categoria di prodotto e su questa scala vanno a posizionare i marchi tra cui scegliere.
Se ad esempio ti dico bevanda energetica (categoria di prodotto), qual è la prima cosa che ti viene in mente? Di sicuro avrai pensato alla Red Bull in quanto questa azienda rappresenta per la maggioranza delle persone il marchio messo nella prima posizione della propria scala mentale, cioè il brand leader.

La definizione completa di Brand Positioning, quindi, descrive quell'attività di marketing che va a collocare il tuo brand nella mente delle persone in una posizione ben specifica.

La regola se applicata alle aziende ci fa capire come un marchio, se vuole avere successo, si deve rendere riconoscibile rispetto alla concorrenza per essere ricordato e inserito nei primi posti della scala mentale dei potenziali clienti.

Quando il concetto si applica alla persona, al professionista, si parla invece di Personal Branding.

Qui ci interessa soprattutto riferirci al professionista e a come può emergere diventando leader del proprio business, sviluppando autorevolezza ed evitando così la lotta al prezzo minore.

Volendo riprendere un'affermazione di Jeff Bezos, il Personal Branding è "quello che la gente dice di te, una volta che sei uscito dalla stanza", frase che fa chiaramente riferimento a come vieni ricordato dagli altri quando non ci sei.

Quando si affronta il concetto di branding si parla soprattutto di tre concetti fondamentali:

1- Trovare "l'idea differenziante"

L'idea differenziante è quella caratteristica specifica che ti rende diverso dai tuoi competitors. Può avere a che fare con un metodo specifico o innovativo di lavoro, con i tempi di erogazione di un servizio (velocità) e/o con qualsiasi cosa che gli altri non fanno.

Guarda ciò che fanno gli altri professionisti e fai qualcosa di nuovo. L'idea differenziante può anche avere a che fare con il linguaggio che usi, ad esempio può funzionare essere il più "moderno" del settore, essere il più nuovo, essere il primo a fare una certa cosa, etc.

2- Essere degli specialisti in quello che si fa

Nel suo libro *Le 24 chiavi della crescita*, Daniel Priestley introduce un concetto interessante. L'autore parla di cinture bianche e cinture nere facendo questa affermazione: "le cinture nere battono sempre quelle bianche". Questo concetto, apparentemente banale, nasconde una grande verità… cos'è che spesso si fa nella vita?

Si tende a essere cintura bianca di un po' di tutto, impari qualcosa e poi non la applichi, cercando già una nuova informazione, inizi uno sport e poi molli senza davvero applicarti fino in fondo, ti formi in tanti ambiti senza veramente approfondire fino in fondo un argomento.

Non fai in tempo a vivere un certo tipo di esperienza che già stai pensando a un'altra. Si dovrebbe diventare delle cinture nere invece, approfondire e appassionarsi a concetti e cose con la stessa ossessione che un marzialista ci mette per conquistare la cintura. Ci vuole tempo, come nello sport, anni di studio, applicazione, costanza, di errori e competenze che si padroneggiano sempre più.

Devi pensare alla tua specializzazione, parti dai tuoi punti di forza, da quello in cui sei più bravo nel tuo campo specifico. Parti da quello che ti appassiona, che di solito è anche quello che ti riesce meglio. Se sei un commercialista ad esempio, invece di comunicare che fai un po' di tutto, potresti specializzarti su una clientela specifica, su un argomento specifico, sulle start-up per fare un esempio.

Un formatore in ambito marketing potrà presentarsi sul mercato come l'esperto di marketing on-line, o l'esperto di marketing per il settore sport e benessere. Sono solo esempi per farti capire che le persone cercheranno coloro che riconoscono come gli specialisti di un argomento, perché lo specialista è percepito come il più bravo in quel campo. Pensaci, se avessi l'obiettivo di mettere su un po' di massa muscolare, andresti da un qualunque istruttore di fitness o saresti attratto da chi si presenta come lo specialista dell'allenamento volto all'ipertrofia muscolare?

Jim Collins, nel suo libro *Good to Great*, ci racconta la teoria della volpe e del porcospino.

La teoria parla di due tipi di personalità, i porcospini e le volpi. Questa teoria è tratta dal famoso saggio *Il riccio e la volpe* (Adelphi, Milano 1998) di Isaiah Berlin in cui l'autore divide il mondo in due categorie.

Le volpi sono accomunate alle persone che perseguono molti fini contemporaneamente, mentre i ricci sono accomunati a chi ha un'unica idea, un unico concetto chiaro e semplice.

Secondo Collins, mentre le volpi sono intelligenti e creative e cercano sempre modi alternativi per catturare i porcospini, questi ultimi, invece, hanno un'altra capacità: quando vedono una volpe, si arrotolano su se stessi diventando una palla di spine per non essere mangiati.

I porcospini sono molto più bravi a non farsi catturare dalle volpi di quanto non siano le volpi brave a catturare i porcospini. Nonostante la grande scaltrezza della volpe, il porcospino vince sempre. Questo perché i porcospini sono più specializzati delle volpi!

Il best seller espone i risultati di una ricerca sui punti comuni delle grandi aziende di successo arrivando alla conclusione che queste adottano la strategia del porcospino specializzandosi e diventando vincenti.

3- Focalizzarsi su una specifica nicchia di mercato individuando uno specifico target di clienti

Questo concetto va a braccetto con il precedente: se diventi lo specialista attirerai automaticamente un certo tipo di persone invece di altre. Ricorda: non puoi essere per tutti, altrimenti non sarai appetibile per nessuno.

Ricerca il tuo target con massima precisione. Ciò è assolutamente valido per un libero professionista che deve focalizzarsi sulla clientela con cui vuole lavorare: i miei clienti sono uomini o donne? (o entrambi?) Che età hanno? Che lavoro fanno? Dove vivono? Che problemi hanno? Quali sono i problemi che i miei clienti hanno e che i miei competitors non risolvono? Cosa vorrebbero ottenere da un professionista come me?

Ma la ricerca del target vale anche se sei un manager in cerca dell'azienda ideale con cui vorresti lavorare. In quel caso il target diventa l'azienda stessa che stai cercando: In che settore opera? Quanto è grande? Quanti dipendenti deve avere? Che fatturato ha? Che crescita professionale promette?

Queste domande sono importantissime e rappresentano le basi fondanti di chi inizia ad approcciarsi a questa materia.
Tuttavia, siccome sono abituato a guardare una cosa da più angolazioni, vorrei analizzare la questione anche da un altro punto di vista.

Questi fattori così importanti per il nostro self-marketing possono essere integrati dal lavoro sullo scopo personale e specifico, prendendo il meglio da entrambi.

Nel settore della formazione ho analizzato tanti casi, tantissimi formatori dominano una specifica nicchia di mercato e per questo li ricordiamo.

C'è chi si occupa di intelligenza finanziaria, chi di marketing, chi di vendita e così via, e quando pensi a quel settore ti viene subito in mente un nome.

Ma poi ci sono casi in cui vedi emergere figure che non sembrano avere un posizionamento specifico, prendi il caso di Marco Montemagno, come te lo spieghi?

Marco Montemagno si definisce un imprenditore digitale e se guardiamo bene quello che fa non riusciamo perfettamente a capire quale sia il suo target specifico perché si rivolge a tante fasce di età e a diverse categorie sociali, non ha nemmeno un argomento specifico di cui parla, passa dal grande calderone del business alle interviste ai vip e ai casi di successo.

Ma allora perché lo conoscono tutti e ha successo in quello che fa? Se guardi il suo sito puoi leggere nel suo about: *Monty condivide le proprie idee, esperienze e attività di ogni giorno sperando che possano essere utili agli altri. That's it!*

Non ti sembra questo un posizionamento che parte da uno scopo unico e ben preciso? A me sì… ed è per questo che lo zio Monty pubblica video tutti i giorni su diversi argomenti e condivide tante esperienze (il suo "come").

Qual è il suo prodotto? Una grandissima libreria digitale piena di informazioni su tante tematiche soprattutto di business, un reparto business e crescita personale della Feltrinelli, ma parlante.

Il suo target? Tutti… o meglio tutti quelli avidi di sapere!

E chi è uno degli scrittori di maggiore successo in Italia in termini di vendite? Fabio Volo! Un personaggio che non fa lo scrittore di mestiere.

È un dj radiofonico ma anche un attore, un presentatore e tanto altro. Non ha un genere specifico, sembra essere esperto di tutto e di niente… allora perché ha così successo? Ma non si dice che chi non ha un ambito specifico non avrà mai successo? Fabio Volo ha uno scopo… lui è cintura nera di autenticità!

Ha uno stile narrativo che mette in tutto, vuole rendere più "leggera" la vita delle persone e ci riesce, così anche lo spunto filosofico e formativo passa bene.

Il suo scopo è quello e vince su tutti, la sua specializzazione è quella, il suo Personal Brand parte da lì.

Se hai già una specializzazione ben chiara nella tua mente tanto meglio, se hai già una caratteristica e una specificità che ti differenzia dagli altri benissimo.

A me piace partire però proprio dallo scopo e dalla tua storia personale, proprio come negli esempi che ho fatto prima: quella è la tua idea differenziante e unica!

Non c'è il lavoro della vita, ci sono lo scopo della vita e lo scopo professionale e se li trovi puoi legarli e metterli in qualsiasi ambito lavorativo.

Non esiste un solo lavoro che ti appassioni: esiste un modo di lavorare seguendo il proprio scopo ed esistono tanti lavori che più di altri possono esprimerlo.

Molti ragazzi dopo l'università si affannano cercando il lavoro per cui hanno studiato e si angosciano se non lo trovano, vivendo male quello che di diverso arriva nella loro vita professionale.

Ma inseguire quell'unico lavoro è come voler trovare a tutti i costi l'anima gemella che ci si rappresenta nel cervello, senza godersi il viaggio e crescere sviluppando nuove opinioni e convinzioni, vivendo e scoprendo esperienze diverse.

Parti dal tuo scopo e ti sarà più facile fare il percorso a ritroso e capire il come e cosa devi fare.

RIEPILOGO DEL CAPITOLO 1:

- SEGRETO n. 1: Diventa consapevole dei tuoi valori, ciò che è più importante per te rappresenta la tua bussola.

- SEGRETO n. 2: Lo scopo rappresenta la tua impronta digitale, indaga a fondo e trovalo.

- SEGRETO n. 3: Stabilisci delle regole che dipendono da te e che ti permettono di vincere la tua personale partita.

- SEGRETO n. 4: Crea il tuo brand personale, differenziati dagli altri e vendi la tua unicità.

- SEGRETO n. 5: La specializzazione paga sempre, anche se non hai una categoria specifica puoi differenziarti a partire dal tuo scopo unico.

Capitolo 2

Networking: come creare una rete di collaboratori

La capacità di fare rete e cioè l'abilità di costruire relazioni professionali che si basano sulla fiducia e si mantengono nel tempo è oggi più che mai fondamentale.

Ogni professionista deve puntare ad accrescere la sua rete, sia per sviluppare nuove opportunità di business, sia per un avanzamento di carriera.

Oggi anche chi semplicemente si trova ad affrontare un colloquio di lavoro ha bisogno di avere delle referenze, delle segnalazioni dal vecchio capo o da qualche cliente soddisfatto. Lì fuori ci sono altri professionisti come te che vivono i tuoi stessi problemi e che hanno i tuoi stessi interessi, che possono stimolarti a nuove riflessioni e opportunità del tuo business.

Sei non fai networking hai poche speranze di raggiungere il successo professionale.

Quanta attività di networking stai facendo ogni settimana?

I luoghi di incontro sono tanti, aperitivi, convegni, fiere o altri eventi realizzati periodicamente in determinate location.

Ma oggi il networking è anche on-line, il social network più famoso in ambito lavorativo e cioè LinkedIn ha al suo interno un meccanismo identico al processo che si sviluppa off-line.

Inserisci il tuo curriculum virtuale, entri in gruppi professionali e ti colleghi a tante persone che possono aiutarti o che possono diventare tuoi futuri clienti, senza sottovalutare il fatto che puoi ricevere delle segnalazioni e delle conferme delle tue abilità che aiutano a validare la tua figura di professionista.

2.1 Comunica

La capacità di networking si impara e parte dall'abilità di saper comunicare.

Saper comunicare mette in gioco, infatti, una serie di azioni che tendono a stabilire rapporti duraturi e proficui.

Comunicare con efficacia vuol dire innanzitutto ascoltare gli altri e trasmettere chiaramente e coerentemente con le nostre emozioni ciò che vogliamo dire. Albert Einstein affermava che se vuoi capire una persona non devi ascoltare le sue parole, piuttosto devi osservare il suo comportamento: questo la dice lunga sul fatto che le parole rappresentino solo una parte della verità comunicativa. Un'altra grossa fetta della nostra comunicazione proviene dal "come" diciamo le cose e dal come il nostro corpo interagisce con lo spazio esterno e con chi ci troviamo di fronte.

Attraverso la comunicazione, quindi, trasmettiamo informazioni in ogni caso e comunicare efficacemente rappresenta l'aspetto principale all'interno del processo relazionale.
Ma quali sono i passaggi per una giusta comunicazione volta a un networking di successo?

Crea fiducia: sembra banale ma tutto è fondato sulla fiducia, le relazioni d'affari si rinsaldano grazie a essa, si fa carriera grazie alla fiducia di capi e collaboratori, i clienti acquistano perché si fidano di te. Le persone comprano persone, non prodotti.
Ma come si acquista fiducia? Se ci pensi anche nelle amicizie avviene lo stesso, con chi riesci ad aprirti? Chi diventa tuo amico vero? Sicuramente chi riesce a conquistare la tua fiducia.

A volte capita che a pelle ti fidi di qualcuno con cui ti confidi o finisci a comprare qualcosa che non avevi in mente di comprare soltanto perché il venditore è stato "bravo".

Anche in azienda se ci pensi va avanti chi riesce ad avere la fiducia dei capi. Ma come avviene questa specie di "magia"?

Innanzitutto tendiamo a dare fiducia a chi riteniamo più simile a noi, simile per interessi, simile per modi di fare o di parlare, simile per "energia".

Dobbiamo allineare la nostra energia a quella del nostro interlocutore in modo che questi si senta capito nel profondo.

Se ci pensi quando parli con qualcuno che è giù di morale e tu cerchi di riportarlo su "caricandolo" di energia e cercando di motivarlo in tutti i modi succede proprio l'inverso: la persona, non sentendosi capita, si allontana invece di avvicinarsi.

Sì, perché la motivazione funziona meglio su chi è già motivato!

Sembra un paradosso ma è come se pensassimo di far correre i 100 metri a qualcuno che si è appena rotto una gamba!

Quindi per prima cosa allineati all'energia del tuo interlocutore quel poco che basta per far fluire la comunicazione in modo naturale; ad esempio, se il tuo interlocutore è su di giri tu cerca di essere positivo ed energico, se invece ti trovi davanti qualcuno che ha un'energia molto bassa o negativa, tu cerca di essere "neutro" in un primo momento per poi piano piano cercare di riportare su il suo stato d'animo.

In secondo luogo la fiducia si ottiene con la coerenza tra quello che dico di essere e quello che faccio.

Andresti più da un dietologo grasso o da uno magro e in forma?

Troppo spesso i professionisti si riempiono la bocca di concetti e azioni da fare che poi in prima persona non mettono in pratica. *Go first!* Allena per primo le capacità che chiedi agli altri di acquisire. Chiediti per primo, comprerei il prodotto o servizio che vendo?

Infine la fiducia si conquista con la competenza e con i risultati, ciò che si è portato a termine, le testimonianze di chi ha acquistato da noi e l'efficacia delle nostre azioni

Fissati un obiettivo comunicativo: La prima azione da compiere è essere coerenti con il proprio intento comunicativo, il che significa che ciò che vuoi dire arriva al tuo interlocutore esattamente come vuoi che arrivi.

La prima domanda che devi farti è: qual è il mio intento comunicativo? Spesso parli o rispondi con rabbia e nervosismo perché qualcosa nella relazione ti ha irritato. Per non cadere in questo atteggiamento poco produttivo non perdere di vista l'obiettivo, abituati a chiedere a te stesso: cosa voglio comunicare? Cosa voglio che l'altro capisca? Cosa mi è più utile dire per raggiungere il mio obiettivo?

Mettiamo che tu voglia riprendere il rapporto con un cliente arrabbiato o che tu voglia migliorare il rapporto con un collega o un capo, in tutti e tre i casi il tuo obiettivo sarà migliorare la relazione.
Nella realtà dell'interazione però può capitare che i toni si alzino e che il tuo interlocutore si innervosisca facendoti spostare il focus da quello che era il tuo obiettivo iniziale alla reazione di difesa, che non fa altro che peggiorare le cose.

La cosa che devi fare è non perdere il focus e ripeterti: qual è il mio obiettivo? Quanto è utile questo obiettivo per raggiungere il mio scopo a breve e a lungo termine? A volte, infatti, la gratificazione di soddisfare un bisogno a breve termine ci allontana dal nostro scopo a lungo termine.

Farti queste domande riporterà la mente a fare azioni che ti avvicinano allo scopo invece di allontanarti da esso.

Può aiutarti la chiarezza nella comunicazione; quindi evita giri di parole che creano malintesi, formula le tue richieste in modo chiaro. Funziona di più dire "cerchiamo un modo per collaborare meglio e fissiamoci un giorno a settimana in cui monitoriamo i risultati", rispetto a dire "è da un po' di tempo che non riusciamo più a collaborare in modo proficuo".

Evita giudizi di valore: critica il comportamento, non la persona. La nostra tendenza è quella di giudicare la persona e non l'operato o il contesto; le critiche alla persona, però, portano alla rottura del rapporto.

Se ad esempio dici a qualcuno, sei un ritardatario! Oppure non sai comunicare per niente! stai giudicando la persona e stai effettuando una generalizzazione che in quel momento creerà un muro difensivo, perché il soggetto si sentirà etichettato.

Se invece trasformi e contestualizzi il linguaggio dicendo, negli ultimi tre appuntamenti sei arrivato in ritardo, cosa è successo?

Oppure, le ultime comunicazioni sono state poco comprensibili… in questo caso stai giudicando un evento e comportamento specifico e la persona rifletterà maggiormente su quello che dici cercando di apportare dei cambiamenti.

La critica sarà vista come feedback costruttivo e spunto per migliorare.

Prima il lato positivo poi la "critica" costruttiva

All'interno del nostro network di relazioni ci troviamo spesso a fare i conti con la voglia di metterci in risalto, di esaltare il nostro ego cercando gratificazione a discapito degli altri.

Io non avrei mai fatto così! Hai sbagliato a dirgli quella cosa! Stai facendo una scelta azzardata! Non hai raggiunto gli obiettivi che ti sono stati assegnati!

Cosa hanno in comune tutte queste affermazioni? Rappresentano delle critiche, dei giudizi dannosi per chi li riceve, in quanto creano enormi muri comunicativi tra le persone.

Giudicare è il nostro sport preferito e la tendenza di tutti noi è quella di notare negli altri sempre quello che fanno male.

Riflettici un attimo, ogni volta che devi dare un feedback a qualcuno ti viene in mente quello che avresti fatto tu in quella circostanza.

In questo modo finisci per dare un giudizio che non aiuta affatto il tuo interlocutore, ma che farà sì che quella persona verrà sempre meno volentieri a chiederti un parere, oppure, se si tratta di un tuo dipendente, si sentirà sminuito continuamente e di conseguenza sempre meno motivato.

Ci illudiamo di fare critiche per il bene delle persone ma in realtà quelle critiche di buono e altruistico hanno ben poco, anzi vengono viste come minacce all'ego personale, attacchi che ci costringono ad alzare la guardia per difenderci e organizzare il contrattacco, atteggiamenti che hanno poco a che fare con la costruzione di una rete di relazioni solida e duratura.

Ma è altrettanto vero che abbiamo tutti bisogno di ricevere feedback dagli altri, per vedere altri punti di vista, per non chiuderci in una visione miope della vita e rivedere quindi delle situazioni e delle azioni da un'altra prospettiva.

Abbiamo bisogno di confronti realmente e sinceramente costruttivi.

I feedback di tipo costruttivo, se dati nel modo giusto, sono un regalo fantastico che puoi ricevere o che puoi fare agli altri; dovresti ringraziare quando te ne danno uno e dovresti essere tu a chiederlo agli altri per migliorarti.

Essere circondato da persone troppo "diplomatiche" non ti aiuterà di certo a crescere ed evolvere.

Ma come si dà un feedback se l'intenzione è migliorare in modo costruttivo un comportamento altrui al fine di creare relazioni più efficaci che portino a negoziazioni di successo?

Occorre creare un ponte comunicativo; quindi, per prima cosa devi sforzarti di cambiare atteggiamento mentale, devi mettere da parte l'emotività che ti fa assumere un linguaggio del corpo sbagliato o scegliere il tono di voce non in linea con le tue intenzioni, e devi focalizzarti prima di tutto su ciò che la persona ha fatto di buono.

C'è sempre qualcosa di buono all'interno di una situazione anche apparentemente sbagliata, potrebbe essere una lezione che si è imparata dall'errore o una parte specifica dell'evento in questione in cui si è adottato un comportamento efficace.

È molto più semplice che qualcuno ti ascolti se inizi con dei complimenti nei suoi confronti; al contrario, iniziare col criticare l'errore farà chiudere il tuo interlocutore che si metterà subito sulla difensiva mantenendo il suo atteggiamento nel tempo.

Se un collega, un cliente o una persona che gestisci ha fatto un errore parti col dirgli cosa ti è piaciuto di quello che ha fatto. Facciamo un esempio, un tuo collega deve presentare un progetto importante al quale avete collaborato entrambi, però, durante una presentazione in pubblico a un certo punto si emoziona e inizia a parlare con la voce strozzata e con un linguaggio del corpo che fa trapelare tutta la sua incertezza.

Mettiamo però che questa stessa persona al di là di tutto abbia iniziato il discorso con un bel sorriso, una battuta e un tono che ha scaldato il pubblico.

Al termine della presentazione, se vuoi davvero costruire una critica che abbia valore per lui, dovresti iniziare col complimentarti del suo modo di approcciare la platea, della sua spontaneità e del suo senso dell'umorismo.

Solo dopo potrai offrire delle alternative comportamentali notando ad esempio che se si è emozionato è forse perché non si era fissato una scaletta precisa e aveva perso il filo del discorso. Quindi magari la prossima volta, con una maggiore organizzazione e attenzione ai dettagli, potrà fare davvero la differenza.

Devi offrire uno spunto di riflessione senza pensare di possedere la verità assoluta, mettendoti realmente nei panni degli altri e del contesto di riferimento ed essendo consapevole che il tuo è solo un punto di vista.

Inoltre pensa sempre che la persona sarà più propensa ad accettare consigli da chi è bravo e competente in quella cosa. Quindi, tornando all'esempio precedente, stiamo dicendo a qualcuno di essere più organizzato quando noi non lo siamo affatto?
Oppure stiamo giudicando una presentazione quando noi non abbiamo mai fatto presentazioni davanti a un pubblico?

Potrai dare consigli sulla capacità di organizzazione solo se l'altra persona ti riconosce come uno bravo a organizzare le cose e potrai esprimere un parere solo se conosci perfettamente il contesto che stai criticando, perché ci sei passato in prima persona.

Ricorda, coerenza prima di tutto.

Non cadere nella trappola delle aspettative: più ti aspetti delle risposte specifiche pensando che le cose debbano andare come vuoi tu e maggiore sarà la possibilità che ne resti deluso e frustrato.

Occorre sapere che ognuno di noi vive la realtà presente in base a una percezione individuale che è diversa da tutte le altre.

Tale percezione deriva dalle proprie esperienze passate, dall'educazione dei genitori, dai professori che abbiamo avuto nonché dalle persone che abbiamo incontrato lungo la strada; tutte cose che portano a sviluppare una personalissima rappresentazione della realtà.

Nessun altro può avere le tue stesse reazioni alle situazioni, le tue convinzioni, i tuoi valori, appartengono solo ed esclusivamente a te.

Ecco perché bisogna sviluppare la flessibilità necessaria per guardare il mondo con gli occhi degli altri e cercare di capire come gli atri pensano e come interpretano le nostre parole e azioni in base ai propri "filtri" mentali.

Il rischio maggiore è la rigidità, la creazione di uno schema sul modello di "giusto" o "sbagliato", un meccanismo che costruisce dei copioni di risposta che resteranno uguali nel tempo.

Le aspettative che abbiamo sugli altri condizionano le loro performance, proprio come chi ha aspettative su di te non ti fa essere te stesso fino in fondo.

La mente umana tende a ripetere ciò che ha funzionato in passato anche se cambia il contesto, se ad esempio tendi a usare uno schema autoritario per ottenere ciò che vuoi, perché questo in passato ha funzionato e ti aspetti che funzionerà in ogni contesto, ti potrai trovare di fronte a situazioni o persone per le quali quell'atteggiamento risulta improduttivo e deleterio.

Non saprai a quel punto sviluppare delle soluzioni alternative restando impantanato nel tuo schema.

Devi uscire da questa trappola, esistono tanti punti di vista differenti, mettiti in gioco e rifletti con apertura mentale e flessibilità.

In ambito professionale è fondamentale chiarire le aspettative per evitare equivoci e creare un ambiente di fiducia.

Creare un'organizzazione e una metodica condivisa evita il "pensavo dovessi farlo tu" e altre frasi del genere.

Definisci i tempi e i modi e trova un accordo sui comportamenti che ti aspetti vengano eseguiti. Sapere cosa aspettarsi da una relazione evita le supposizioni e porta al raggiungimento degli obiettivi e alla gratificazione comune.

2.2 Ascolta

Il secondo aspetto su cui lavorare è la capacità di ascolto "attivo", ascoltare attivamente vuol dire essere concentrati sul tuo interlocutore, stare attenti a quello che dice ma anche a quello che non dice e cioè al suo linguaggio non verbale.

Si tende, nella maggior parte delle relazioni e degli incontri, ad ascoltare in modo passivo e poco partecipativo, di conseguenza a non avere un reale interesse di comprendere, ma solo un interesse a rispondere per far valere la propria opinione.

Infatti, chi ascolta passivamente è condizionato dalla tendenza a pensare subito a cosa dire, invece di assorbire fino in fondo ciò che l'altro ci vuole comunicare.

Ascoltare attivamente, però, non significa allungare le antenne delle tue orecchie o ammutolirti e non parlare per tutto il tempo; innanzitutto ti devi mettere nello **stato ideale per ascoltare**.

Ti spiego meglio cosa significa; questa affermazione parte dall'assunto che una buona comunicazione presuppone che ci sia affinità tra gli interlocutori, per cui, se "etichettiamo" una persona come antipatica, noiosa, o con qualsiasi altro aggettivo che presupponga una distanza tra noi e il nostro interlocutore, sarà molto difficile che ciò che l'altro vuole comunicare arrivi nel modo giusto, perché verrà sempre filtrato dalle nostre etichette mentali.

Lo stesso vale per noi, in quanto, se non ci mettiamo in una condizione tale da stabilire un'affinità, dall'altra parte ciò si noterà e quindi anche il nostro messaggio comunicativo arriverà in modo poco efficace.

Possiamo dire che la comunicazione segue un flusso bidirezionale, se cerchi sinceramente di interessarti agli altri di conseguenza gli altri si interesseranno a te e la comunicazione fluirà in modo naturale, senza nessun tipo di sforzo.

Il pregiudizio rovina il rapporto e ci fa interpretare il messaggio in modo errato.

Sforzati di trovare un particolare del tuo interlocutore che ti piace! Anche in quelle circostanze in cui apparentemente e "a pelle" qualcuno ti sta antipatico, osserva attentamente e vedrai in ognuno qualcosa che ti ci accomuna.

Può essere il modo di vestire, un interesse, un libro letto, lo stesso percorso di studi, etc.

Inizia da quel punto in comune e la relazione comincerà con il piede giusto.

In secondo luogo, devi **capire cosa vuole realmente comunicare l'interlocutore** e a quale scopo.

Prova a far domande per capire meglio il punto di vista dell'altro: Cosa intendi esattamente? Puoi spiegarti meglio?

Queste semplicissime domande servono a capire come il nostro interlocutore si rappresenta la realtà, evitando di cercare erroneamente di "leggere nel pensiero" e di interpretarla in base a quello che pensi tu, stabilendo così una complicità di livello più alto.

Chiarire cosa vuole dirci una persona indirizzerà la conversazione verso una maggiore comprensione e fiducia.

Esempio: se qualcuno ti dice che è in un periodo in cui vuole vivere forti emozioni, proviamo a non interpretare il messaggio, evitiamo di attribuire subito un significato al termine "forti emozioni" (magari per noi una forte emozione è lanciarsi col paracadute mentre per il nostro interlocutore potrebbe essere fare semplicemente qualcosa di nuovo) e chiediamo: cosa intendi per forti emozioni? Cosa vorresti fare?
Assicurati di dare lo stesso significato che dà il tuo interlocutore alle parole usate.

Fai questo esercizio di ascolto e comprensione nella tua quotidianità, all'inizio sarà "macchinoso" poi piano piano diventerà semplice e infine automatico, così avrai iniziato il tuo percorso per comunicare con maggiore efficacia trovando soluzioni e alternative che prima non avevi considerato.

2.3 Negozia

Se non ti piace vendere allora non puoi essere un buon professionista!

Ho venduto per più di 15 anni in vari settori e poi, quando ho lasciato la vendita in senso stretto, ho continuato e continuo a vendere la mia professionalità.

Tutti vendiamo qualcosa, tutti i professionisti vendono le loro tariffe, tutti i manager o aspiranti tali vendono la propria professionalità o le proprie idee, progetti e soluzioni. Tutti negoziamo.

Qual è la prima fase della negoziazione?

Occorre prima di tutto contribuire, dare prima di avere.

Troppo spesso i professionisti hanno paura di condividere conoscenza e informazioni, quasi come se questo potesse togliergli qualcosa, temono che gli altri professionisti possano "rubare" i loro metodi, le loro idee o informazioni, superarli in qualche modo.

Se pensi che condividere ti faccia perdere qualcosa forse non sei abbastanza sicuro delle tue capacità e dovresti rivedere le tue convinzioni in merito.

Lo psicologo statunitense Robert Cialdini ha sistematizzato il cosiddetto principio di reciprocità, che ci insegna proprio l'opposto.

Ci dice che più valore diamo più ne riceveremo in cambio, in quanto fin da piccoli ci hanno insegnato che "prendere senza restituire è sbagliato" e ci si sente quasi in obbligo di ripagare il favore.

Devi chiederti: cosa sono disposto a fare per qualcuno senza aspettarmi nulla in cambio? Sono disposto a condividere le mie conoscenze?

Preparati e interessati agli altri:

La base di ogni negoziazione sono le informazioni.

Le informazioni che abbiamo sono potere, prima di incontrare un'azienda o prima di vendere un prodotto o un servizio a qualcuno devi prepararti.

Devi prendere più informazioni possibili e oggi, nonostante sia molto più semplice raccogliere informazioni, raramente viene fatto.

Trovarsi di fronte a un'azienda, a un capo, a un cliente sapendo una serie di cose ti mette in una posizione di vantaggio strategico.
Cosa sai del tuo interlocutore? Ti sei preparato sull'azienda che devi incontrare? Vai sui social ad esempio e cerca di capire qualcosa in più rispetto al tuo prossimo incontro, chiedi informazioni a chi conosce la persona o crea uno strumento attraverso il quale prima dell'incontro il tuo interlocutore deve mandarti una serie di info che servono sia a te che a lui per massimizzare l'efficacia dell'appuntamento.

Pensa ad esempio di dover andare dal dentista, qualcuno ti ha parlato di un professionista bravo che tu ancora non conosci e allora decidi di fissare un appuntamento con lui perché col vecchio dottore ti sei trovato male. Allora chiami subito lo studio e la segretaria, prima di darti l'appuntamento, ti dice che devi compilare un modulo e inviarglielo. Ma non una semplice anamnesi patologica, piuttosto una serie di domande per inquadrare la persona che si troveranno a trattare, con domande del tipo: come hai conosciuto lo studio? Perché hai lasciato il vecchio dentista? In base a quali parametri scegli un professionista? etc.

Creare strumenti che ti permettono di essere padrone delle informazioni non solo farà percepire qualità al tuo potenziale cliente ma permetterà a te di avere un vantaggio in termini di efficacia.

Lo stesso discorso vale se devi fare un colloquio con una nuova azienda o se devi negoziare un nuovo ruolo nell'azienda in cui sei, usa la raccolta di informazioni come strumento indispensabile di negoziazione.

Più sarà efficace il tempo che passerai a prepararti, maggiore sarà la tua soddisfazione e quella dei tuoi interlocutori.

Metti in relazione le persone

Quando ascolti gli altri registra le informazioni importanti e cerca di essere un "connettore" tra professionisti, la rete ti occorre per ampliare i tuoi contatti e il tuo business, ma devi portare maggiore valore anche agli altri.

Professionisti con specializzazioni diverse dalle tue potrebbero giovare dei tuoi contatti professionali. Devi prendere l'abitudine di chiedere: quali sono i tuoi clienti ideali? Quali sono le mansioni specifiche del tuo ruolo? Cosa fai di diverso dagli altri? E magari pensare a due, tre persone che possono essere utili agli obiettivi o al business del tuo interlocutore. Questo è il senso della rete.

Vincere insieme: O si vince insieme o si perde entrambi.

Ogni giorno negoziamo, sia in ambito personale sia professionale e nella maggioranza dei casi, all'interno di una negoziazione, gli interessi differenti portano ognuno a volere un accordo più vantaggioso per se stesso.

Tuttavia, quando all'interno di una relazione e di una negoziazione tendi a voler prevaricare, a far valere la tua posizione a tutti i costi o a usare una posizione di potere, si crea inevitabilmente un conflitto, una distanza e un attrito.

Allo stesso modo se sei troppo accomodante e fai vincere gli altri, a restare insoddisfatto sarai tu.

Se una parte rimane meno soddisfatta dell'altra a lungo andare anche la fiducia tenderà a vacillare.

La strada del vinco io/perdi tu ha il risultato certo di creare nuovi "avversari".

Parti dall'idea di focalizzarti sugli interessi comuni cercando sempre un vantaggio e un beneficio reciproco, scopri di cosa hanno bisogno gli altri e come gli puoi essere utile con i tuoi prodotti o servizi. Come puoi aiutare il tuo interlocutore? Innanzitutto ascoltandolo e capendo quali sono i suoi obiettivi, a cosa è disposto a rinunciare e quali sono le cose per lui irrinunciabili.

In secondo luogo, offrendo diverse opzioni e soluzioni, ma mai troppe, in quanto una sola opzione rappresenta un obbligo per la controparte, due soluzioni diventano un dilemma e troppe opzioni rendono difficile se non impossibile la decisione.

In terzo luogo, trovando una soluzione che sia la migliore per entrambi nel lungo periodo. Solo in questo modo potrai costruire relazioni di valore.

RIEPILOGO DEL CAPITOLO 2:

- SEGRETO n. 1: L'abilità di fare networking è la chiave del successo professionale: più relazioni di valore sviluppi, maggiori saranno le opportunità che troverai lungo la strada.

- SEGRETO n. 2: Una buona comunicazione parte dal fissarsi un obiettivo comunicativo e non perderlo mai di vista.

- SEGRETO n. 3: Giudica sempre un comportamento specifico, mai la persona.

- SEGRETO n. 4: Non esiste un'unica realtà e bisogna che ti sforzi di guardare il mondo con gli occhi degli altri, senza avere nessuna aspettativa sul comportamento altrui.

- SEGRETO n. 5: La chiave della negoziazione è assicurare un vantaggio per entrambi gli attori che vi partecipano.

Capitolo 3

Influenza: come promuoversi e ispirare

3.1 Promuoviti

Hai trovato il tuo scopo, hai ben chiaro cosa è importante per te sul lavoro, hai capito l'importanza del network e le azioni principali per ottenere migliori e durature relazioni.

Ora hai bisogno di creare una connessione più elevata con le persone e lo puoi fare raccontando la tua storia personale.

La tua storia

Raccontarti è ciò di cui hai bisogno per fare ancora di più la differenza rispetto agli altri professionisti, agli altri fornitori di servizi. Le persone vogliono le storie, lo dimostrano anche i social network, pensa solo all'importanza che rivestono le stories in un social come Instagram o Facebook.

Lo storytelling personale consiste nel comunicare raccontando un'esperienza che ti ha influenzato e che è stata fondamentale per il tuo sviluppo personale e professionale; tutti abbiamo esperienze a cui attingere che fanno parte del nostro percorso di crescita, l'importante è essere autentici.

Attraverso la narrazione autentica passerai, infatti, dall'essere uno tra i tanti all'essere il più riconosciuto dal tuo target di riferimento. La tua storia riflette i tuoi valori, il tuo scopo, le tue motivazioni, il modo che hai trovato per superare le difficoltà e vincere le sfide. Il racconto ti rende umano, vicino alle persone a livello emotivo e questo ti permette di influenzare e di ispirare gli altri. Devi suscitare immagini nella testa del tuo target, che si identificherà nella tua storia.

Lo storytelling non è solo per le aziende, se sei un libero professionista puoi scegliere di raccontarti in una video-presentazione, sul tuo sito, sui social o in un libro, ma allo stesso tempo se sei un dipendente puoi raccontarti ai colloqui, nel tuo curriculum, sul tuo profilo LinkedIn.
Siamo tutti diversi e la nostra esperienza unica racconta noi stessi e si riflette sul nostro successo lavorativo.

Lo schema di una storia segue la vita di un personaggio che ha un sogno e un obiettivo, ma lungo la strada incontra ostacoli e difficoltà. A un certo punto arriva una svolta nella sua vita, può essere una persona che agisce come guida o una situazione, un'illuminazione che gli fa cambiare il modo di vedere le cose.

La svolta porta alla trasformazione e al conseguente successo.

Hai sicuramente qualcosa che ti ha segnato, non pensare a una cosa eclatante, anche una piccola cosa può averti fatto scattare una scintilla importante di cambiamento.

Ricordo ancora quando finita l'università non sapevo cosa fare e cosa mi riservasse il futuro, alle superiori non ero stato di certo uno studente modello.

Però fin da piccolo sognavo di laurearmi in psicologia, volevo aiutare gli altri e allo stesso tempo volevo scoprire le dinamiche e il funzionamento della mente.

Poi, per motivi alquanto futili, che fecero emergere tutta la mia confusione di quel periodo, decisi di abbandonare l'idea e di seguire due amiche di scuola che avevano invece scelto la facoltà di Sociologia.

Alla fine del percorso universitario, decisi di studiare marketing, altra mia passione, ma tutti i master che mi interessavano erano fuori regione. Quindi presi i soldi messi da parte e con l'aiuto dei miei genitori decisi di trasferirmi a Roma per un anno e frequentare il corso.

È stato uno degli anni migliori della mia vita, un anno che mi ha fatto crescere tantissimo, studiavo la mattina e lavoravo sia il pomeriggio che nei weekend come personal trainer in un grande centro fitness di Roma.

Nonostante i sacrifici avevo la passione che mi spingeva e mi alleggeriva il carico. Dopo un anno ero maturato tanto e avevo sviluppato l'attitudine al cambiamento e alla crescita continua.

Investendo in formazione avevo arricchito il mio network confrontandomi con persone provenienti da tutta Italia e stavo finalmente guidando la mia vita professionale.

Avevo compreso che investire regolarmente, almeno il 20% di ciò che guadagnavo, sulla mia crescita personale e professionale, era l'unico modo per apportare dei reali cambiamenti alla mia vita.

Ed è per questo che nei 12 anni in cui ho lavorato come sales account nell'azienda leader del settore wellness, Technogym, ho continuato a studiare, focalizzandomi sulle soft skills necessarie allo sviluppo della carriera e più in particolare la leadership e il Coaching.

Finalmente avevo chiuso il cerchio, ero diventando formatore e coach a tempo pieno concretizzando allo stesso tempo il mio sogno e il mio scopo, cioè aiutare gli altri ad accrescere la loro soddisfazione lavorativa e sviluppare business e carriera.

La crisi, la confusione e l'insoddisfazione che avevo ai tempi universitari erano diventati un'opportunità, il vero motore del cambiamento, mi avevano fatto capire che devi prenderti rischi, studiare continuamente, sviluppare le soft skills fondamentali, allenarti con costanza e sacrificio e coltivare il miglioramento continuo. Le cose non accadono per caso, basta vedere sempre il risvolto positivo dietro ogni evento.

Ma come far diventare la tua storia una presentazione professionale?

Attraverso uno schema possiamo spezzettare il nostro racconto e renderlo un vero "curriculum" efficace. Andiamo a vedere in che modo.

Schema presentazione

Chi sei e che lavoro fai

Introduci te stesso, il tuo nome e descrivi in modo chiaro e semplice il tuo lavoro.

Il tuo scopo/obiettivo

Parla di ciò che fai per gli altri, non elogiare te stesso. La prima cosa che gli altri vogliono sapere è cosa hai da offrire e perché dovrebbero scegliere te.

La tua identità da professionista

Trova una definizione che identifichi la tua particolarità, la tua unicità.

La tua crisi/svolta

Racconta un momento di difficoltà, di stallo dei risultati e quello che hai fatto per superarlo.

Cosa puoi apportare di diverso?

Focalizzati sul risultato che garantisci e sul perché dovrebbero sceglierti.

Soluzione dettagliata

Spiega ciò che hai da offrire, i tuoi prodotti/servizi o le tue competenze in modo dettagliato.

Traguardi e testimonianze

Cosa hai fatto fino a ora di cui sei fiero.

La tua frase guida

Una frase in cui credi e che ti ispira quotidianamente.

Call to Action

Devi spingere all'azione, fare in modo da suscitare la curiosità di conoscerti di più e/o che si mettano in contatto con te in qualche modo.

Ti scrivo un esempio per darti un'idea di come puoi scrivere la tua presentazione.

Ciao sono Roberto Bruno, formatore e business coach, mi occupo principalmente di leadership professionale e cioè di tutte quelle strategie che servono ad aiutare i professionisti ad accelerare la loro carriera e il loro business. Mi piace definirmi un allenatore della leadership; infatti, il mio passato da personal trainer ha influenzato molto il mio approccio alla formazione, che per me deve avere necessariamente il 30% di teoria e il 70% di allenamento sul campo e strumenti pratici.

Solo misurandoti continuamente potrai avere miglioramenti a lungo termine.

Dopo i primi anni della mia vita lavorativa è successo qualcosa, erano cambiati sia il mio obiettivo che il mio scopo professionale a lungo termine, non ero pienamente soddisfatto di quello che facevo e le mie performance lavorative stallavano. Fino a che un amico mi parlò per caso del Coaching e dei risultati che garantiva alle persone. Allora, dopo aver studiato qualcosa in merito si accese dentro di me una scintilla e, complice la mia passione per lo studio delle strategie mentali di successo, decisi di intraprendere il percorso per diventare un Coach.

Dopo oltre 10 anni di studio ho selezionato tutte le più efficaci tecniche e strategie professionali in grado di mettere il turbo al tuo business e alla tua carriera e le ho raccolte in un metodo pratico in 5 step.

Acquisirai questo metodo attraverso corsi di formazione, consulenze (live o Skype) e Professional Coaching mirato.

Ho già formato più di 2000 persone sulle Soft Skills professionali e ho scritto un libro in cui ti spiego come diventare un Super Professionista.

Ho un mantra: *"la fortuna aiuta i preparati, per cui fatti trovare preparato quando arriverà la tua prossima occasione"*.

Contattami via mail o sui principali social per valutare insieme il percorso ideale per il tuo business.

Bene, ora tocca a te scrivere, metti giù la tua storia sotto forma di presentazione e differenziati da tutti i professionisti che non ne hanno una. Registrala in un video, mettila sulle tue pagine social, sul tuo sito o semplicemente raccontala quando parlerai di te a un'azienda.

3.2 Social Media

Siamo nell'era dei social media e tutto quello che fai creando valore, compresi i tuoi successi, deve essere comunicato anche online, così da permetterti di influenzare oltre che te stesso anche gli altri.

Ma l'on-line non mi piace, è solo fuffa! Io sono vecchio stampo, sono uno che lavora davvero mentre in rete ci sono quelli che non sanno fare nulla, lavorano poco e quindi hanno molto tempo per pubblicare cose che non faranno mai!

Che ti faccia piacere o meno, i social hanno cambiato il modo di comunicare in modo definitivo e pensare di trascurare questo aspetto significa rinunciare all'evoluzione della tua professione.

La maggior parte delle opportunità di lavoro mi arrivano dai social network, grazie a LinkedIn entro in contatto con le aziende con cui collaboro, grazie alle sponsorizzate Facebook mi occupo della vendita dei miei prodotti/servizi mirando a un pubblico specifico, e con Instagram mantengo la relazione a lungo termine offrendo valore.

Non è necessario puntare alla *quantità* dei contatti e delle persone che ti seguono, a meno che il tuo lavoro non sia quello di fare l'influencer, quello che conta è la *qualità* dei contatti, quanto questi sono realmente interessati a quello che dici e quanti si trasformano in clienti o in partner che possono accrescere qualitativamente il tuo network professionale. Meglio 500 potenziali clienti che 10.000 utenti presi a caso.

Ogni social ha una funzione specifica, proviamo a dare i numeri tenendo in considerazione solo i principali e più comuni social network:

Secondo la fonte GlobalWebIndex il tempo medio in Italia trascorso sui social network è di circa 1 ora e 51 minuti, inoltre le ricerche ci dicono che Facebook ha circa 2,41 miliardi di utenti attivi nel mondo di cui il 74% si collega quotidianamente per circa 38 minuti al giorno. Senza considerare che più o meno 80 milioni di attività commerciali hanno una pagina Facebook.
Facebook rappresenta anche per gran parte degli utenti la principale fonte di informazione.

Instagram ha invece 1 miliardo di utenti attivi con un tasso di interazione con i brand aziendali 10 volte più alto rispetto a Facebook, inoltre la metà dei suoi utenti vi accede ogni giorno.

Infine LinkedIn, il social forse più importante per un professionista, perché specifico e focalizzato sul lavoro, con quasi 700 milioni di utenti attivi.

Se sei un libero professionista che ha come principale target le aziende allora LinkedIn può essere il tuo social preferito, allo stesso modo se sei un dipendente, un manager, LinkedIn è indispensabile per farti notare ed essere diverso dagli altri.

Appare evidente che per trovare clienti, per vendere prodotti e servizi, per trovare opportunità lavorative, tutti hanno bisogno di visibilità. I social oggi sono lo strumento di self marketing più potente in quanto permettono anche al singolo professionista di raggiungere un numero di persone elevatissimo.

Rispetto al passato la concorrenza è nettamente aumentata in tutti i settori, ma è altrettanto vero che se fai un buon lavoro di qualità e visibilità hai un grande vantaggio rispetto al professionista pre-social che poteva contare solo sul passaparola o su forme di marketing molto costose. La barriera economica di accesso alla visibilità si è abbassata tantissimo.

Possiamo individuare cinque fasi fondamentali per ogni professionista che vuole incrementare la sua visibilità:

1- Scegli il tuo social network preferito

Dove sono i tuoi clienti? Dove sono le aziende che ti interessano? Fai una ricerca dei principali social network che il tuo target utilizza. Prendi un campione di clienti che già hai e vedi quali sono i social che utilizzano di più.

A seconda del settore in cui operi e dell'età media dei tuoi clienti puoi scegliere dove essere maggiormente presente. Il mio consiglio è essere presenti su tutti i principali social network, magari concentrando il lavoro su uno in particolare.

Se sei un professionista o manager che lavora come dipendente di un'azienda avrai più interesse a concentrare l'attenzione su LinkedIn, mentre per un libero professionista che lavora prevalentemente con over 40 potrebbe essere più strategico sponsorizzare la sua figura su Facebook, che resta ancora il social con più iscritti in assoluto e di età media più alta. Ma non c'è una regola, sta a te scegliere, valutare e decidere.

1- Fissa il tuo obiettivo

Decidi qual è il valore che vuoi dare al tuo target e comunicalo.

2- Scegli il Target

Abbiamo ampiamente parlato di posizionamento nei capitoli precedenti e appare scontato che più riesci a essere diverso e ad avere una specificità che ti caratterizza e più potrai rivolgerti con efficacia a un pubblico specifico di clienti o di aziende.

Un professionista che si occupa di vendita e si caratterizza per l'esperienza in un settore in particolare sarà più credibile, perché conoscerà meglio di altri i problemi del suo target di riferimento e i clienti si fideranno di lui.

3- Cura i contenuti

Il contenuto resta sempre lo strumento principale di visibilità; quando i clienti arrivano sui tuoi social e vedono quello che pubblichi si fanno un'idea di chi sei e quello che dici diventa il tuo biglietto da visita digitale. Cerca di separare le pagine personali da quelle professionali, crea profili business in cui dai valore e parli solo di ciò che interessa al tuo target.

4- Misura

Fissati delle date in cui analizzi quello che sta accadendo: essere sui social va bene, ma deve convertire e fruttarti maggiori occasioni e opportunità. Se da mesi usi una certa strategia su un social specifico e nessuno si è messo in contatto con te, allora forse è giunto il momento di cambiare strategia o focalizzarsi su un altro social.

In definitiva si può affermare che i social hanno semplicemente trasportato in rete quei meccanismi che fino a non troppi anni fa avvenivano esclusivamente offline. Prima, se avevo un'attività, cercavo di farmi conoscere attraverso il passaparola o la pubblicità cartacea e questi strumenti portavano le persone a interessarsi alla mia figura e ad acquistare i miei prodotti/servizi. Oppure da professionista cercavo opportunità nella mia rete di contatti o attraverso le referenze.

Oggi con i social mi rendo visibile, mentre attraverso i contenuti che pubblico genero interesse e porto le persone e le aziende a contattarmi.

3.3 Decidi

La qualità della vita dipende dalle decisioni che prendi, per questo saper decidere con efficacia e sicurezza rappresenta uno dei pilastri d'efficienza personale e professionale.

Paradossalmente, per quanto risulti difficile, decidere è una cosa che facciamo tutti i giorni. Le ricerche dicono che prendiamo circa 35.000 decisioni al giorno, comprese quelle involontarie, come mettere i piedi a terra quando ci alziamo dal letto o fare le altre migliaia di azioni automatiche del giorno.

Quindi si può dire che siamo allenati a decidere anche se non ne siamo consapevoli.

Allora perché ci risulta così difficile?

In realtà, se è vero che noi decidiamo tantissime volte al giorno è anche vero che queste piccolissime azioni quotidiane sono diventate delle abitudini, degli automatismi inconsci, delle decisioni completamente istintive e veloci per cui non possono essere accomunate e paragonate a vere e proprie decisioni logiche da prendere quando ci troviamo di fronte a nuovi eventi e situazioni mai gestite prima.

Vorrei cambiare la mia vita e decidere finalmente di fare questo o quell'altro… Quante volte abbiamo sentito questa frase?

Tutte le persone che fanno parte della nostra vita sociale prima o poi ci hanno ripetuto questa frase, ma quando chiediamo: in che modo vorresti agire? Cosa ti blocca? La risposta è il più delle volte "non lo so".

L'incertezza fa parte dei tempi moderni, viviamo nell'epoca dello stress e della velocità, hai scadenze di lavoro pressanti, corri perché hai fatto tardi, dormi poco e male, vuoi fare carriera, accrescere il tuo business, trovare nuovi clienti e per farlo magari hai bisogno di cambiare strategia, cambiare città, riorganizzare il business e quindi fare delle scelte, scelte… sempre con maggiore frequenza e sempre più impegnative per la nostra mente.

Oggi però la scelta è condizionata da troppe opzioni, hai sempre troppe informazioni da valutare e proprio questa troppa abbondanza crea una paralisi nelle scelte.

Avere troppe possibilità causa stress e infelicità in quanto il focus mentale resta sempre su ciò che non hai scelto, e il pensiero che avresti potuto fare una scelta migliore non ti lascia in pace.

Decidere una cosa porta inevitabilmente all'esclusione delle altre opzioni. Ciò accade anche nelle piccole decisioni di tutti i giorni, pensa semplicemente di cenare in un ristorante in cui non hai mai mangiato, il cameriere ti porta davanti un menu ricco, con 50 piatti diversi. Allora inizi a guardarlo, vorresti assaggiare tutto, non sai cosa decidere.

Alla fine, quando finalmente scegli, ti arriva un piatto che pur essendo ottimo ti lascia l'amaro in bocca, l'insoddisfazione di esserti perso qualcosa di ancora più gustoso non ti fa apprezzare nemmeno quello che hai preso.

Ma perderti un piatto non è poi così grave… in quel ristorante ci potrai ritornare e prendere altre cose. Nella vita non sempre hai questa possibilità, una scelta lavorativa sbagliata condiziona la tua vita o il tuo business. Allora la cosa migliore è cercare uno schema che ti aiuti a decidere, avere delle fasi da valutare per ridurre la probabilità di errore.

Stato emotivo efficace

L'emozione è la prima cosa che guida la decisione, la maggior parte delle volte si decide di pancia e poi si cerca di giustificare con la razionalità la decisione già presa a livello emotivo.

Proprio perché le emozioni hanno un ruolo fondamentale, prima di decidere devi essere in uno stato il più possibile "neutro".

Non si dovrebbe mai decidere quando sei in balia di una forte emozione, sia essa negativa o positiva.

Ricordo come se fosse ieri lo stato emotivo che mi fece decidere di investire nell'acquisto del 50% delle quote di un centro fitness di un amico, diventando suo socio e di conseguenza iniziando la mia esperienza da imprenditore.

Nel 2013 ho avuto un problema di salute al quale era seguito, pochi mesi dopo, un altro problema di salute stavolta molto più serio che riguardava mio padre.

Ero nervoso e giù di tono e per darmi una spinta emotiva, che mi desse la carica e la vitalità per affrontare quel periodo, decisi di fare quell'investimento. Fu una decisione presa sull'onda dell'emotività che mi portò non poche difficoltà iniziali.

Non avevo considerato una serie di informazioni che riguardavano sia il centro fitness che il lavoro stesso di imprenditore. Del resto venivo da anni di lavoro in palestra, dal lavoro di account nel settore wellness e dall'esperienza come coach; quindi cosa poteva spaventarmi!

In realtà avevo sopravvalutato le mie conoscenze in ambito di gestione di un'attività e mi resi conto molto presto che la realtà di un imprenditore è ben lontana da quella che avevo studiato sui libri. Ci misi un paio d'anni per capire tutte le dinamiche gestionali e burocratiche e sicuramente se avessi preso quella decisione con più informazioni, meno impulsività e soprattutto più preparazione mi sarei risparmiato tanto tempo e fatica.

Se sei in uno stato emozionale negativo tenderai a prendere la decisione sbagliata, risultato magari di uno stato d'ansia che ti mette fretta, o di umori negativi che trovano sfogo in azioni sconclusionate.

Lo stesso accade quando sei troppo euforico, talmente pieno di energia e ottimismo ingiustificati che tendi a sopravvalutare una situazione e decidere sulla scia dell'entusiasmo.

È come chi al rientro da un corso motivazionale si lancia in cose che non ha valutato attentamente rischiando di svegliarsi dopo poco pentito di quello che ha fatto.

La notte porta consiglio dicevano i nonni… per questo spesso la soluzione è staccarti un attimo dalla decisione, attendere se non è il momento giusto, dormirci su o andare a fare un po' di attività fisica per liberare l'energia.

Usa le informazioni in modo oggettivo

L'emozione deve aiutarti e deve essere ascoltata, deve agire da facilitatore, non deve condizionarti negativamente.

La rabbia, l'insoddisfazione, sono dei segnali che ti fanno capire che devi cambiare le cose, ti spingono all'azione. L'entusiasmo invece ti fa capire quello che davvero vuoi fare a lungo termine.

Ma il tutto deve essere aiutato dalle informazioni e dall'organizzazione delle cose.

Le informazioni possono offrirti delle prove oggettive che ti permettono non solo di fare previsioni sul risultato della tua decisione, ma anche di non cadere nella trappola di focalizzarti solo sui dati che confermano ciò che hai già deciso istintivamente.

Prendi informazioni da più fonti e chiedi a persone autorevoli che magari hanno già preso decisioni simili o che ne sanno più di te.

Desideri a breve vs Obiettivi a lungo termine

Chiediti se stai decidendo per un desiderio o un'insoddisfazione momentanea o se la tua decisione fa parte di un progetto che stai sviluppando a lungo termine. Nel primo caso forse si tratta di sensazioni momentanee ed è il caso di attendere e decidere quando avrai la condizione mentale più adatta alla valutazione, nel secondo caso la decisione richiede un'analisi delle varie fasi, richiede di spezzettare le azioni che accompagnano il processo decisionale e semplificare la scelta.

La decisione è reversibile?

Ciò che stai decidendo è reversibile? Puoi tornare indietro una volta presa la decisione o questa porterà a un cambiamento definitivo nella tua vita personale e professionale? Valutare se puoi tornare indietro può tranquillizzarti e farti decidere più velocemente, mentre la consapevolezza che stai decidendo per qualcosa di definitivo ti permetterà di rivedere con più lucidità quello che hai oggi e che potresti perdere.

Modelli di decisione vincenti

Guarda la decisione da altri punti di vista, cosa deciderebbe il tuo mentore? Sei hai un riferimento nella tua vita, un modello nel lavoro, ispirati pensando a cosa deciderebbe se fosse lui a dover prendere la decisione al posto tuo.

Valuta più opzioni ma evita il perfezionismo

Spesso c'è la tendenza a pensare alla decisione come a un dilemma pensando di avere solo due opzioni. In realtà se ti sforzi di vedere almeno 3 possibilità ti si apriranno riflessioni nuove.

L'ideale sarebbe valutare e tirar fuori fino a 4-5 opzioni stando attenti a non cadere nel perfezionismo e nella tendenza a cercare la decisione perfetta. Ogni scelta, come detto, esclude le altre e porta con sé la sua dose di rischio, pensa solo che la decisione che prendi oggi sarà la migliore che tu possa prendere con le informazioni e le risorse che hai a disposizione in questo momento.

Pensare che poi ci si potrebbe pentire non ha senso, col senno di poi siamo tutti bravi a trovare l'errore e capire cosa avremmo potuto fare meglio.

3.4 Risolvi

In una delle sue tante frasi celebri Albert Einstein, il più importante fisico del XX secolo, afferma: *"Se avessi un'ora per risolvere un problema da cui dipende la mia stessa vita, userei i primi 55 minuti per definire il problema in modo chiaro e i restanti 5 per trovare la soluzione"*.

Questo la dice lunga sul fatto che definire a fondo il problema ci porta a più della metà dell'opera.

La vita professionale è piena di problemi da risolvere: reperire nuovi clienti, trovare nuove collaborazioni, difficoltà a gestire un team, sono solo alcune delle problematiche che puoi trovarti a gestire all'interno della tua vita lavorativa.

Per questo, al di là di saper prendere decisioni efficaci, una soft skill sempre più richiesta è la capacità di Problem Solving.

Analizzando i principali ostacoli all'abilità di risolvere problemi emerge innanzitutto la tendenza attuale a dover rispondere istantaneamente alle situazioni trovando delle soluzioni.

Già ai tempi della scuola e dell'università ti hanno insegnato che bisogna rispondere subito, che la preparazione implica una risposta quasi immediata. Il mondo del lavoro amplifica a sua volta questa tendenza, sei premiato se sei smart, se sei subito pronto a trovare soluzioni, altrimenti resti fuori, il tuo business va a rotoli, la tua carriera si ferma.

Questa tendenza però presenta un lato distorto, in quanto non sempre si può trovare la soluzione istantanea al problema, problemi complessi richiedono più tempo e valutazione per non correre il rischio di trovare soluzioni che non hanno nulla a che vedere col vero problema stesso.

Non sto dicendo che mettere il focus sul trovare soluzioni sia sbagliato, sto solo analizzando la cosa da più punti di vista in modo da offrire, come deve essere nella natura di ogni Super Professionista, un punto di vista critico, che non accetta come dogma un'unica visione ma va a fondo a cercare dei punti di contatto tra le varie teorie.

Se ci troviamo di fronte a un problema semplice, ben specifico e con caratteristiche misurabili, allora avere il focus sulla soluzione, senza occuparsi più di tanto del problema, può essere la strategia più idonea e che ci fa risparmiare tempo.

Ad esempio:

Problema: scarsa visibilità sui social network

Soluzioni possibili: creazione di profili professionali, sviluppo contenuti di valore, aumentare la conoscenza del mondo digital, affidarsi a un'agenzia.

Come vedi in questo caso ha senso tirar fuori più soluzioni possibili e non chiedersi il perché del problema. Una scarsa visibilità è un problema specifico e con miglioramenti misurabili a partire dai risultati ottenuti.

Facciamo un altro esempio

Problema: Perdita del fatturato del 50% negli ultimi 6 mesi

Soluzioni possibili: campagne promozionali, incentivi, migliore gestione delle persone, ricerca nuovi clienti.

In questo caso appare chiaro che focalizzarti sulle soluzioni può essere fuorviante, può allontanarti dal vero problema facendoti procedere per prove ed errori allungando i tempi di risoluzione.

Il modo migliore per approcciarsi a un problema è passare attraverso varie fasi e prendere il meglio dai vari approcci.

Valuta se il problema è definito e chiaro

Se la risposta è sì, allora procedi e passa all'ideazione di soluzioni.

Definisci il problema

Se si tratta di un problema che necessita di un approfondimento, questa è la fase più importante.

Il primo step è quello di definirlo al meglio attraverso una serie di domande che ti permettono di andare a fondo.

Innanzitutto occorre chiederti, il mio problema accade oggi? O ti stai preoccupando forse delle conseguenze di quel problema, che creeranno un altro tipo di problema, ma in futuro?

La pandemia da coronavirus che stiamo vivendo mentre scrivo questo libro, e che ha portato negli ultimi mesi a una crisi mondiale mai vista prima, ridurrà del 50% le opportunità di business, i fatturati e le collaborazioni lavorative.

Capisci che se hai pensieri e convinzioni del genere non stai analizzando il vero problema ma stai anticipando delle situazioni che non puoi sapere come si evolveranno, puoi solo fare delle supposizioni.

Dovresti chiederti ad esempio, Cosa posso imparare di nuovo per rendermi più competitivo sul mercato? Cosa mi comporterà subire delle perdite di fatturato?

Magari scoprirai che il problema principale è che non ti sei aggiornato negli ultimi anni e questo ti sta facendo perdere più del dovuto, oppure che non hai gestito bene le finanze e quindi non hai cassa per affrontare le spese.

In generale per approcciarsi a un problema complesso è importante farsi le giuste domande, ad esempio: Perché ho questo problema? Dove in particolare si presenta? Quando si presenta? Quando si è presentato la prima volta? Cosa lo ha generato? Quali sono gli ostacoli? Accade sempre e in ogni contesto?

Farsi tante domande per scavare all'interno del problema apparente al fine di trovare il problema più realistico e urgente. Lo psicologo e psicoterapeuta Giorgio Nardone nel suo libro *Il Cambiamento Strategico*, parlando di problem solving, propone di chiedersi: Come posso peggiorare la situazione? Sembra paradossale ma il solo chiederti questa cosa ti fa focalizzare su tutte quelle cose che fai male, che sbagli e che forse rappresentano la vera radice del problema, quella su cui andare a lavorare.

3.5 Non occuparti delle cause

Una volta capito il vero problema, non fare l'errore di focalizzarti sulle cause, le domande ti servono a capire se un problema ne nasconde un altro più concreto e immediato, non a capire approfonditamente le cause che lo hanno generato. Conoscerle non ti aiuterà a risolverlo.

Quindi niente focus sul problema, la risoluzione sta nelle soluzioni che riuscirai a trovare.

Mettiamo che il tuo problema sia la mancanza di capacità comunicativa che non ti fa gestire al meglio le relazioni.

Sapere le cause e le origini di questa scarsa abilità ti servirà a poco, meglio focalizzarti sulle soluzioni da adottare per il miglioramento.

Analizza lo storico

Che soluzioni hai seguito fino ad ora? Conoscere gli schemi risolutivi già adottati e fallimentari ci aiuta a escluderli e cambiare strategia.

Trasforma il problema in domanda positiva

È il momento di generare idee e soluzioni.

Un modo pratico per facilitare la ricerca di soluzioni è cambiare il linguaggio, secondo lo schema del Design Thinking può essere utile trasformare il problema in una domanda positiva.

Quindi mancanza di capacità comunicativa diventa: come posso migliorare le mie abilità comunicative? Cambiare il linguaggio in questo modo costringe il tuo cervello a generare risposte e a trovare soluzioni.

Genera soluzioni nuove

Nella fase iniziale trova più soluzioni che puoi, senza focalizzarti sulla qualità, tieni anche le più assurde, andrai solo dopo a selezionare. Potresti trovare idee nuove mescolando tra loro soluzioni apparentemente contrastanti e lontane.

Staccati dal problema se necessario

Spesso il cervello è bloccato e non genera soluzioni nuove; se accade questo allontanati dal problema, ci ritornerai dopo. Mettersi a fare altro e distrarsi può far emergere idee quando meno te lo aspetti.

Agisci e testa

Prova la soluzione che ti sembra più appropriata, anche se non è perfetta, la affinerai man mano.

RIEPILOGO DEL CAPITOLO 3:

- SEGRETO n. 1: Le persone amano le storie che ispirano, la tua storia racconta la tua specifica esperienza e le persone ti sceglieranno per questo.

- SEGRETO n. 2: Ce lo dicono i numeri, oggi non puoi essere un professionista affermato se non conosci e utilizzi i social network per il tuo lavoro.

- SEGRETO n. 3: Le decisioni cambiano la vita, saper decidere in modo efficace fa la differenza tra il successo e il fallimento.

- SEGRETO n. 4: Non esiste la decisione perfetta, esiste la migliore decisione che puoi prendere con gli strumenti che hai a disposizione oggi.

- SEGRETO n. 5: Ogni problema ha una soluzione, impara a definire precisamente il problema, scarta le soluzioni già adottate e che non hanno dato risultati, e generane di nuove.

Capitolo 4

Coaching: come diventare leader di se stessi

Il coaching è una metodologia di sviluppo personale all'interno della quale vengono forniti gli strumenti necessari a raggiungere gli obiettivi, siano essi personali o professionali. Possiamo descriverlo come un processo in cui il coach guida il cliente (detto anche coachee) a massimizzare il suo potenziale e a sviluppare piani di azione per ottenere risultati.

Se è vero che avere un coach esterno presenta degli indiscussi vantaggi in termini di confronto e di metodiche, qui voglio parlarti del self Coaching e cioè della possibilità di diventare coach di te stesso. Ci sono alcune abilità, infatti, che possono essere apprese autonomamente e allenate giorno dopo giorno apportando reali miglioramenti alla tua vita.

4.1 Prenditi la responsabilità

La prima abilità di cui voglio parlarti è legata al concetto di responsabilità, essere pienamente responsabile in ambito professionale significa innanzitutto guidare tutto ciò che ti accade acquisendo l'abilità di pensiero critico verso te stesso.

Nel suo bellissimo libro *Le sette regole per avere successo*, Stephen Covey, introducendo la prima regola, parla del concetto di "proattività". L'autore la descrive come l'essere responsabili della propria vita e avere l'iniziativa necessaria per far sì che le cose accadano. Il comportamento deriva da una decisione consapevole che si basa sui valori e non è frutto delle circostanze.

Le persone proattive agiscono solo all'interno della sfera del controllo, si focalizzano cioè solo su quello che possono gestire e controllare in prima persona e che non dipende da casualità esterne. Tutto ciò che non puoi controllare e che non dipende da te non fa altro che creare nella tua mente delle giustificazioni che ti immobilizzano, non facendoti agire in modo efficace; del resto, se qualcosa non dipende da te perché mai dovresti muoverti?

Ora ti chiedo di fare un semplice esercizio.

Concentrati e ripensa a un episodio o una situazione in ambito lavorativo che non è andata come avresti voluto; puoi scrivere qui sotto:

………………………………………………………………………………..

Ora scrivi 3 cause che rappresentano secondo te i motivi dell'insuccesso:

1………………………………………………………………………
2………………………………………………………………………
3………………………………………………………………………

Riguarda e rileggi quello che hai scritto, nota il tuo linguaggio, hai scritto cose che dipendono esclusivamente da te o ti sei focalizzato sugli altri e sulle cause esterne?

Mettiamo ad esempio che tu non sia riuscito ad aumentare i tuoi fatturati o a far crescere il tuo stipendio; potresti scrivere che la causa è stata la crisi, la concorrenza che ha abbassato i prezzi azzerando i margini, oppure che l'azienda per cui lavori non ha mai investito sulle risorse al suo interno.

In questo caso stai adottando un comportamento cosiddetto "reattivo", cioè stai mettendo la tua vita nelle mani degli altri, del destino, della crisi, etc.

Se rileggendo trovi tante frasi del genere inizia a farti qualche domanda per capire come puoi essere protagonista del tuo cambiamento. Diversamente potresti aver dato tre risposte di tipo proattivo, ad esempio:

1- Non ho investito in marketing

2- Non ho imparato cose nuove e non ho acquisito nuove skills

3- Non mi sono occupato di curare la soddisfazione del cliente

Noti la differenza? Nel primo caso, quello dell'atteggiamento reattivo, non sei tu a controllare la situazione ma l'esterno, questo tipo di modalità di pensiero non ti aiuta, perché non fa altro che giustificare il tuo immobilismo e la situazione non potrà che peggiorare.

Nel secondo tipo di risposte, invece, il soggetto della frase sei tu.

Sei tu l'artefice delle cose nel bene e nel male e al di là di quello che accade puoi attivarti e fare qualcosa di nuovo o di migliore.

La stessa modalità di pensiero strategico e proattivo può essere applicata alle cose che non ti stanno riuscendo come vorresti.

A questo punto, se tra le tue risposte trovi frasi reattive, cambia il linguaggio e trasformale in frasi proattive in cui sei tu a dover dare la spinta alle cose.

Ora fai un secondo esercizio:

Ripensa in questo caso alla tua ultima esperienza lavorativa negativa (può essere la stessa del precedente esercizio se è l'ultima in ordine di tempo):

....

Quali sono le cose che puoi trarre da questa esperienza?

Fermati un momento a pensare e scrivi almeno 5 cose che hai imparato da questa situazione.

1...

2...

3...

4...

5...

Ok, hai scritto le 5 cose, ora valuta quali tra queste rappresentano insegnamenti positivi che ti aiuteranno in altre situazioni e quali invece rappresentano zavorre che ti impediscono di andare avanti.

Ad esempio, se hai scritto che la cosa che hai recepito è che sul lavoro non puoi fidarti di nessuno fermati un attimo a riflettere se questo è un insegnamento utile per la tua carriera e per il tuo business o meno.

Molto probabilmente la mancanza di fiducia negli altri non ti aiuterà affatto a fare progressi, hai bisogno di fidarti, di delegare e di affidarti ad altri per migliorare. Per cui, anche se quello che hai scritto vede te come protagonista attivo, in questo caso rappresenta qualcosa che non ti è utile, perciò passa oltre e focalizzati solo su ciò che invece rappresenta un prezioso insegnamento ed esprimilo in modo critico verso te stesso senza incolpare l'esterno.

Ogni esperienza negativa ti può offrire un feedback positivo, ricorda il proverbio giapponese *"alcune volte vinci e tutte le altre volte impari"*.

Pensa di avere in mano una moneta, da un lato testa, che rappresenta la piena responsabilità per tutto ciò che ti accade nel bene e nel male, e dall'altro croce, che rappresenta la sfiga, la causa esterna di tutti i tuoi mali! Decidi tu, vuoi giocare d'azzardo e lanciarla in aria per vedere il "destino" cosa ti rimanda indietro, oppure vuoi evitare il caso e girarla nel verso che vuoi?

4.2 Convinciti

I pensieri diventano cose e ciò di cui ti convinci diventa la tua realtà; spesso si fallisce semplicemente perché si crede di fallire e c'è la tendenza generale a rinunciare davanti alle sconfitte temporanee.

In realtà per raggiungere gli obiettivi devi sviluppare la capacità di potenziare le credenze positive relative a quell'obiettivo e allontanare le convinzioni "depotenzianti".

Sento già la voce di qualcuno che dice, beh, ma così è facile! E se abbiamo credenze negative che ci allontanano dall'obiettivo? Come faccio a cambiarle soprattutto se sono radicate?

Il primo passo è la consapevolezza, prenderne coscienza ti fa essere a metà dell'opera, poi occorre cambiare il proprio linguaggio, proprio come se tu stessi scrivendo un testo in Word, cancelli e riscrivi.

Pensa a quali sono le aree della vita in cui hai raggiunto maggiori risultati. Pensaci attentamente, vedrai che in quelle aree ci sono un bel po' di convinzioni potenzianti, sicuramente userai un linguaggio positivo quando agisci in quelle aree di successo. Potrebbe essere anche semplicemente una cosa che è andata bene nella tua vita. Quali sono le convinzioni che ti hanno aiutato in quel caso? Di cosa ti sei convinto che ti ha portato a risultati positivi? Prendi consapevolezza del tuo linguaggio.

La storia dell'elefante incatenato è tratta dal libro *Lascia che ti racconti*, di Jorge Bucay.

È una riflessione sulla vita e sull'influenza che le esperienze passate hanno su di noi.

In particolare ci fa capire che la maggior parte delle volte che pensiamo di non essere in grado di fare qualcosa è perché, in un determinato momento della nostra vita, qualcuno ci ha detto che non potevamo farlo, oppure perché una volta, tanto tempo fa, abbiamo fallito.

C'era una volta un circo all'interno del quale lavorava un elefante che rappresentava l'attrazione principale di tanti bambini.

L'elefante era di enorme stazza e aveva una forza fuori dal comune; tuttavia aveva una particolarità, subito prima di eseguire il suo numero e immediatamente dopo l'esibizione restava legato a un paletto con una piccola catena che gli imprigionava una zampa non permettendogli di allontanarsi.

Il paletto e la catena erano molto piccoli e la forza dell'animale, che sarebbe stato in grado di sradicare anche un albero, avrebbe potuto far saltare quel paletto in un batter d'occhio. Ma allora perché non succedeva? Perché l'elefante restava lì buono buono senza far nulla?

Ciò accadeva perché l'elefante era stato legato a quel paletto fin da quando era molto piccolo e indifeso.

All'epoca quella catena impediva davvero all'animale di allontanarsi: infatti, nonostante l'elefantino continuasse a tirare e sudare cercando di liberarsi, non ci riusciva.

Il paletto era troppo forte per lui e dopo tanti tentativi e fallimenti il piccolo si rassegnò e rinunciò a provarci.

L'elefante ormai adulto, quindi, non scappava dal circo semplicemente perché credeva ancora di non potercela fare... Aveva memorizzato i fallimenti passati, aveva smesso di provarci e non aveva più messo alla prova la sua forza una volta cresciuto.

Quanti paletti abbiamo noi? Quanti fallimenti abbiamo registrato che non ci permettono di essere liberi?

Spesso non raggiungi i tuoi obiettivi perché ti parli quotidianamente in modo sbagliato e sei convinto di non potercela fare, ciò che pensi influenza le tue emozioni e di conseguenza produce dei risultati, diventando ciò che ti accade.

Non solo, la fisica quantistica afferma che i nostri pensieri generano vibrazioni energetiche a una frequenza determinata, quindi, se abbiamo il focus sulla convinzione che le cose stanno andando male e andranno sempre peggio, la frequenza che emaniamo richiamerà frequenze dello stesso tipo.

Giordano Bruno affermava: *"Non è la materia che genera il pensiero, è il pensiero che genera la materia"*.

Il primo obiettivo che devi darti è diventare consapevole di tutte quelle convinzioni che ti limitano.

Come già detto, il tuo insieme di credenze va a costituire uno schema che usi per approcciare alla realtà e per dare significato alle informazioni che ricevi.

Per cui se il tuo schema cognitivo è molto rigido, quindi di tipo limitante e disfunzionale, anche le tue azioni saranno poco utili e ancor meno funzionali.

Nella mente avviene una distorsione dell'informazione che porta alla generalizzazione, per cui trai conclusioni basandoti su singoli casi.

Credi che ti manchi qualcosa perché probabilmente sei stato influenzato da una persona, da un evento specifico o da una serie di informazioni fuorvianti; le convinzioni limitanti, oltre a tendere alla generalizzazione, hanno anche la caratteristica di essere "pervasive", cioè vanno oltre l'ambito dell'evento specifico coinvolgendo altri ambiti della vita.

Ad esempio, se vieni giudicato per un insuccesso lavorativo e ti convinci di non essere bravo in quella cosa, trasferirai quella credenza anche nella sfera personale, pensando che ti manchino delle qualità positive in generale. E quindi la critica: "sei disorganizzato sul lavoro!" diventa nella tua mente che sei uno disorganizzato in tutto.

Prova a scrivere 3 convinzioni che ti stanno limitando (ad esempio: sono troppo vecchio per usare i social nella mia professione, sono vecchio per fare carriera, c'è la crisi quindi non si fattura, etc.).

Credenza limitante 1...
Credenza limitante 2...
Credenza limitante 3...

Ora per ogni credenza scrivi almeno una situazione nel passato in cui queste convinzioni sono state smentite e in cui è emersa la capacità opposta rispetto alla convinzione (tornando all'esempio dell'organizzazione puoi pensare a quella volta in cui hai organizzato perfettamente le vacanze, etc.).

1..
2..
3..

Ora prova a farti le seguenti domande:

Origine della convinzione

Da dove proviene questa convinzione?

Quando l'ho sviluppata?

Influenza sugli eventi passati

A cosa ho dovuto rinunciare a causa di questa convinzione?

Cosa mi è costato avere questa convinzione?

Influenza sul presente

Rispetto a cosa mi sta limitando oggi questa credenza?

Che rinunce mi comporta avere questa convinzione?

Influenza sul futuro

Cosa accadrebbe se continuassi ad avere questa convinzione?

Quali obiettivi non raggiungerei a causa di questa credenza depotenziante?

Ristruttura la convinzione

A cosa ho bisogno di credere oggi per sostituire la vecchia credenza con una nuova e potenziante?

Agisci

Cosa posso iniziare a fare da domani per rendere vera e concreta questa nuova convinzione potenziante?

Ricorda, il protagonista sei tu, non auto-sabotarti e decidi cosa ti è più utile pensare.

4.3 Domanda

Ormai lo avrai capito, lo stai vedendo dall'inizio di questo libro, una delle abilità di self-coaching più importanti da sviluppare è la capacità di migliorare il tuo dialogo interno, prima di tutto attraverso la consapevolezza di come ti parli, e in secondo luogo imparando a farti le giuste domande.

Le domande sono un'arma potentissima, ti rendono consapevole, ti chiariscono dubbi, ti fanno scoprire gli schemi cognitivi che usi. Il cervello è strutturato per rispondere alle domande che gli poniamo e, anche se la risposta non arriva nell'immediato, l'abitudine a farti domande ti metterà nella condizione di creare nuovi schemi che portano più facilmente a trovare soluzioni.

Peccato che a scuola non ti insegnino a sviluppare questa abilità, ti stimolano solo a trovare risposte ma non a farti le giuste domande. Il pensiero critico, come tutte le abilità, va allenato costantemente, il tuo successo, l'ambiente che vai a creare intorno a te, dipendono dalla qualità delle domande che ti poni.

Ad esempio, chiedersi "che caratteristiche devo introdurre o incrementare nel mio prodotto/servizio per far sì che io possa vendere a un prezzo molto più alto?" è diverso dal dirsi "i clienti mi pagano un prezzo troppo basso e non riesco a guadagnare".

Attraverso le giuste domande puoi cambiare rapidamente il focus spostandolo su un altro obiettivo e passando da un pensiero passivo e fine a se stesso, a un pensiero creativo che attiva il cambiamento. Per questo è di fondamentale importanza che tu scriva delle domande potenti per te stesso. Non basta solo farti domande perché se ti fai domande poco produttive ti darai risposte poco produttive.

Le domande devono essere espresse in modo positivo, diretto all'obiettivo specifico.

Dire "perché non mi va bene niente in questo periodo?" di sicuro non ti aiuterà in quanto porterà a porre l'attenzione su ciò che non funziona, sarà meglio chiedersi "cosa posso fare di nuovo e diverso per avere più risultati in questo periodo?".

La tua domanda guida

Inconsciamente hai sviluppato durante la tua vita, in base alle esperienze che hai vissuto e al modo in cui le hai affrontate, la cosiddetta "domanda guida".

La domanda guida è quella che ti poni più o meno sempre, indipendentemente dal contesto di riferimento.

Nella tua vita professionale potresti avere l'abitudine a pensare "come posso essere sempre il migliore nel mio campo?" e questa domanda che ti fai più o meno inconsciamente condizionerà le tue azioni, le cose che deciderai di fare o di non fare.

In questo esempio, infatti, pur essendoci di buono la possibilità di auto-motivarti a dare sempre di più e a fare sempre meglio, potresti risentire negativamente di eventuali passi falsi, dei momentanei insuccessi lavorativi, o sentire troppo la competizione con gli altri.

A scuola, essendo il più piccolo della classe, ho avuto fino ai primi due anni superiori qualche difficoltà a entrare in relazione con i compagni, che erano in media almeno di due anni più grandi.

Avevo sviluppato inconsciamente la seguente domanda guida: "come posso farmi considerare dagli altri?".

Come puoi notare questo tipo di domanda prima di tutto nascondeva un presupposto, e cioè che gli altri non mi consideravano.

Questo non era vero ma il mio stato emotivo mi aveva portato a crederlo, complice anche l'atteggiamento dei professori che dicevano ai miei genitori che ero troppo piccolo e che avrei potuto avere delle difficoltà sia di apprendimento che di relazione con l'andare del tempo.

Per loro sarebbe stato meglio bocciarmi e farmi perdere un anno, ma non lo fecero mai perché nonostante tutto i risultati scolastici arrivavano.

Il succo della storia è che la domanda guida nasce sempre in seguito a un momento che ti ha segnato a livello emozionale nel bene e nel male.

Farmi quella domanda, se da una parte mi ha permesso di sviluppare una certa "diplomazia" che mi contraddistingue ancora oggi (bisogna pur trovare un aspetto positivo ☺), dall'altra mi ha reso per tanti anni troppo dipendente dal giudizio esterno, bloccato da una forma di insicurezza che mi faceva esporre poco.

Per fortuna col tempo questa cosa è cambiata, sono cresciuto, è cambiata la mia sicurezza e di conseguenza anche la domanda guida. Probabilmente, se avessi continuato a farmi quel tipo di domanda, non avrei raggiunto i risultati che ho raggiunto e quello schema avrebbe influenzato la mia vita personale e professionale.

Ti ho raccontato questa storia per farti capire quanto il nostro dialogo inconscio può condizionarti e quanto, parlando di vita professionale, un feedback negativo avuto sul lavoro in passato o un insuccesso mal gestito, possono generare una domanda guida che non ti è affatto di aiuto per raggiungere i tuoi obiettivi.

Hai bisogno di avere una stella cometa, una frase che ti guidi e ti ricordi la direzione che vuoi prendere.

Adesso la mia domanda guida è *"cosa posso imparare di nuovo oggi?"*, ho scelto questa domanda perché mi predispone a imparare in ogni circostanza, mi fa studiare cose nuove ogni giorno e mi fa trovare lezioni positive anche quando mi accade qualcosa di negativo.

Rifletti su quali sono i tuoi obiettivi a lungo termine, pensaci attentamente, non è detto che quello che decidi ora debba essere la tua domanda definitiva ma inizia a scrivere e poi la perfezionerai dopo se necessario.
Ora fai pratica e scrivi la tua domanda guida.

La mia domanda guida è:

....

Nelle prossime settimane hai una sfida da vincere, la sfida di diventare allenatore di te stesso; fai attenzione ogni giorno a quali sono le aree in cui tendi a dare la responsabilità a fattori esterni, diventa consapevole del tuo dialogo interno, ristruttura le tue convinzioni, cambia la tua domanda guida e costruisci la tua nuova super domanda!

RIEPILOGO DEL CAPITOLO 4:

- SEGRETO n. 1: Sviluppa il pensiero critico, fatti le giuste domande e ricorda: domande di qualità portano a risposte di qualità.

- SEGRETO n. 2: Assumiti sempre la responsabilità di ciò che ti accade e occupati solo delle cose che puoi controllare.

- SEGRETO n. 3: Ogni accadimento nasconde una lezione positiva, prendi l'abitudine di chiederti: cosa posso imparare da questa cosa?

- SEGRETO n. 4: L'attenzione al modo in cui ci si parla è fondamentale per capire che tipo di convinzioni abbiamo, fai attenzione al tuo linguaggio interiore e convinciti di ciò che ti è utile.

- SEGRETO n. 5: Ognuno di noi ha una domanda guida, che condiziona il modo in cui ci approcciamo alle situazioni e alla vita in generale, diventa protagonista e crea la tua domanda guida efficace.

Capitolo 5

Operatività: come misurarsi e passare all'azione

Siamo nell'epoca del "dovrei" e del "vorrei", un'epoca in cui troppo spesso si perde di vista il "fare"; in realtà è proprio l'operatività a produrre la grande differenza tra un corso che resta in aula e uno subito applicabile alla vita reale, tra un atleta amatoriale e un agonista, tra un professionista standard e uno che raggiunge il successo nel suo campo.

Fare vuol dire spingersi all'azione, trasformare la propria strategia e visione professionale in comportamenti quotidiani, salire il primo gradino e non guardare oltre; fare il primo passo per poter guardare le cose da una prospettiva un po' diversa e andare avanti.

Secondo te le piramidi d'Egitto come sono state costruite, lavorando sodo o teorizzando su come gestire al meglio la progettazione del lavoro e della giornata??

Non c'è successo senza due fattori fondamentali, la costanza e l'impegno, mi dispiace rovinarti il sogno delle 2 ore di lavoro al giorno ma efficaci, oppure delle rendite automatiche, o del ricco in 2 giorni; tutto quello che otteniamo lo otteniamo grazie all'impegno e a una buona dose di azioni efficaci ripetute nel tempo.

Non conosco persone che hanno raggiunto risultati standosene seduti a mangiare snack sul divano non facendo nulla, o magari solo "desiderando" che qualcosa di nuovo potesse accadere.

Nella biografia di Andre Agassi, *Open*, si legge che il padre del grande tennista ripeteva questa frase all'Andre bambino, "Se colpisci 2500 palle al giorno, cioè 17500 la settimana, cioè un milione di palle l'anno, non potrai che diventare il numero 1".
Il segreto sta proprio lì, nel perseguire incessantemente un unico e specifico obiettivo.

Per essere produttivo però devi essere nello stato ideale per agire, nello stato di concentrazione massima, nel flusso della produttività.

Mi piace affermare che devi *"allenare la tua energia"* e la tua attitudine al fare. Ma come si allena l'energia?

Da ex personal trainer non posso che dirti che si allena con il movimento.

Oggi sono proprio stanco, non mi va di fare nulla, dovrei finire delle cose di lavoro ma posso rimandarle… ma sìì, saltare la solita routine non mi farà male… del resto un po' di sana apatia ogni tanto ci vuole!

Questo stato mentale ci fa pensare che abbiamo bisogno di fermarci, il che in realtà è vero, ma occorre fermare il cervello non il corpo; il corpo anzi ha bisogno di muoversi, camminare, correre, fare sport. I nostri antenati camminavano per chilometri, cacciavano, si spostavano da un luogo all'altro, la loro vita tutta era incentrata sui bisogni di prima necessità, sulla fatica fisica. Abbiamo perso di vista il contatto mente-corpo: se il corpo sta bene, sta bene anche la mente, si sveglia, si attiva!

Quante volte ci è capitato di crederci stanchi ma poi, iniziando a fatica a fare qualcosa, magari una passeggiata per sgranchirci un po', all'improvviso ci siamo sentiti meglio?

Ci siamo sentiti più rilassati, abbiamo annullato per un attimo la mente e ricaricato le energie, abbiamo riempito il nostro serbatoio.

È dimostrato infatti che l'attività fisica ha effetto sul benessere e la lucidità mentale.

La "Morning routine" di molti manager e imprenditori di successo prevede del tempo per l'attività fisica e la sana alimentazione.

Prima di prendere delle decisioni o di affrontare una giornata importante possono aiutare tantissime attività come la corsa, l'esercizio fisico e il mindfulness, tutte cose che servono a decomprimere lo stress e "disconnettersi".

Dopo aver svolto queste attività la giornata infatti continua con più lucidità, grazie sia alle endorfine liberate durante l'esercizio che alla convinzione positiva di aver fatto qualcosa per se stessi e per il proprio benessere psico-fisico.

Non occorre diventare degli atleti o partecipare alla maratona di New York (magari poi ti viene voglia di farla ☺), basta muoversi o camminare.

Sviluppare l'abitudine al movimento ha degli effetti quindi anche sugli altri impegni quotidiani in quanto si entra in un meccanismo per il quale ci si sveglia dal "torpore" con il quale la maggior parte di noi inizia la giornata e ci si immerge in un loop in cui movimento porta ad altro movimento, attività porta a produrre altra attività e il rilassamento muscolare innesca una maggiore concentrazione.

Ma l'attitudine al fare si allena anche svolgendo piccole routine quotidiane, attività che possono sembrare poco rilevanti come rifarsi il letto al mattino, possono creare ordine e azione nel tuo cervello, partire in modo organizzato produce organizzazione a cascata su tutte le cose che fai.

Nel libro *Niente teste di cazzo*, in cui si parla della storia della squadra neozelandese di rugby degli All Blacks, si pone tanto l'attenzione su un rituale particolare che i giocatori della squadra, soprattutto quelli più anziani, attuano nel debriefing post-partita.

Il rituale consiste semplicemente nell'afferrare una scopa e iniziare a pulire gli spogliatoi! Tutto parte dal prendersi cura di se stessi, della propria disciplina e formare il carattere, con la convinzione che questo trionferà sempre sul talento.

Quello è il senso del rituale, se sei ordinato, disciplinato nella vita, lo sarai anche in campo; come fai le cose piccole farai quelle grandi.

Fai fatica pensare a tutte le cose da fare? Devi prendere una decisione importante ma il cervello non smette di girare a vuoto come un criceto con la sua ruota?

Allora ricorda di svuotare la mente, inizia col "fare", non pensare a nulla, cambia strategia e ricorda: nel dubbio… inizia a muoverti!

5.1 Materializza

Secondo la mia esperienza, 3 sono gli elementi su cui devi focalizzarti per aumentare la tua produttività, il primo di questi è la "materializzazione" di idee, strategie, progetti e concetti teorici.

In tutti questi anni, in cui sono passato dall'essere un dipendente, poi libero professionista e infine imprenditore, ho notato una criticità comune a tutti i professionisti.

La difficoltà di rendere concrete le idee, renderle fruibili, applicabili anche da altri, in modo da non farle restare solo parole dette a un cliente in trattativa o spunti di riflessione di un manager in una riunione aziendale.

Dovresti iniziare a pensare a quante tra le cose che dici e proponi puoi rendere reali e "tangibili", attraverso brochure, schemi, file digitali o qualsiasi altra cosa ti venga in mente che generi valore.

Cerco di spiegarti meglio il concetto facendoti un esempio. Immaginiamo che tu sia un manager che si trova a gestire un gruppo di persone, immaginiamo che tu abbia come punto di forza la capacità di prendere decisioni efficaci e questo ti ha sempre aiutato nella vita facendoti emergere e arrivare al successo.

Potresti pensare di creare uno schema di passaggi in cui spieghi il processo che segui quando devi decidere, in modo tale che il gruppo che gestisci possa prendere quello schema come riferimento, come modello decisionale quando si trova di fronte a problemi di lavoro che richiedono una certa autonomia decisionale. Fai diventare l'intangibile qualcosa che lavori per te anche quando non ci sei e che continui a generare valore anche in tua assenza, invece di ripetere decine di volte le stesse cose, crea dei contenuti che possano essere facilmente utilizzati.

Abbiamo bisogno di "cose" per dare valore ai concetti teorici e alle idee. Pensa a un consulente che, dopo la sua giornata in azienda, ha molte difficoltà a far applicare le cose che dice ai suoi clienti e questo penalizza il suo lavoro a lungo termine.
In questo caso potrebbe pensare di creare report scritti, soluzioni digitali e file che i clienti vedono come veri e propri prodotti riconoscendone il valore.

Non deve trattarsi per forza di materiali fisici che si possono toccare; anche i contenuti digitali possono dare forma alle idee a ai concetti.

Funziona per tutti i tipi di lavoro, se sei un dentista puoi creare dei report informativi su come ci si deve lavare i denti, o sull'importanza della prevenzione, ma non un insieme di articoli scritti da altri, deve essere qualcosa che ti rappresenta, che ti contraddistingue, un report che racconta il modo in cui tu in particolare fai le cose.

Un commercialista potrebbe creare dei file di gestione delle spese personali e regalarli ai clienti nuovi o potenziali, così come un dipendente potrebbe sviluppare uno strumento in grado di facilitare un certo tipo di lavoro di cui è un esperto.

Questo stesso libro che stai leggendo, ad esempio, è la materializzazione di una metodica, di un processo che ho sviluppato e sperimentato in prima persona e che faccio seguire ai miei clienti.

Crea più prodotti possibili per differenziarti dai tuoi competitors e renderti unico, possono essere report stampabili, prodotti digitali, schemi, video o podcast audio o qualsiasi altra cosa ti venga in mente e che possa essere in qualche assimilabile a beni tangibili e di grande valore per gli altri.

Fai un esercizio:

Dividi il tuo lavoro in più fasi separate che corrispondono a tutte le sotto-attività che fai durante la giornata, il mese o un periodo specifico (rapporto con fornitori, operazioni pratiche quotidiane, riunioni di brainstorming, risoluzione problemi, gestione clienti, etc.).

Elenca almeno 5 sotto-attività principali:

Attività

1..

Attività

2..

Attività

3..

Attività

4..

Attività

5..

Ora per ogni sotto-attività focalizzati su ciò che fai in maniera teorica, immateriale e/o ripetitiva.

Chiediti:

- Cosa posso "materializzare" delle cose che faccio durante il giorno?

- Cosa può essere utile ai miei clienti o ai miei colleghi?

- Cosa faccio talmente bene che può diventare uno schema di riferimento messo su carta?

- Come posso migliorare quello che già possiedo in formato digitale o cartaceo?

- Cosa può sostituirmi, lavorando al mio posto?

- Cosa può farmi risparmiare tempo?

Sulla base di queste domande sviluppa un piano di azione e inizia a pensare alle cose che vorresti creare per facilitarti il lavoro e dare una spinta alla tua produttività, inizia a scrivere:

Attività nuove e concrete...

....

....

....

....

Questi tuoi strumenti puoi renderli disponibili in formato cartaceo o puoi comunicarli on-line, arricchendo strategicamente i tuoi profili professionali.

5.2 Misura

Non c'è miglioramento senza misurazione, se non sai dove sei oggi non potrai valutare i risultati futuri.

Da appassionato di sport ed ex personal trainer non posso che considerare la misurazione come un pilastro fondante; nel fitness si misura tutto, il tempo di recupero, il carico sollevato, il numero di ripetizioni effettuate, è solo grazie a questo che in ogni allenamento si cerca di spingersi sempre un po' più in là, anche se fosse solo per ridurre di qualche secondo i tempi di recupero o sollevare mezzo chilo in più.

Gli obiettivi e i cambiamenti si raggiungono grazie a piccolissime percentuali di miglioramento ma costanti e continue nel tempo.

Misura prima di tutto le tue abitudini professionali quotidiane, la vita è costellata da abitudini più o meno produttive che hanno un impatto sulla tua vita, il cervello però non sa distinguere fra un'abitudine a impatto positivo e una a impatto negativo, per cui basta che un'abitudine ti dia gratificazione (anche momentanea o apparente) per essere acquisita.

Quali sono le tue attività abituali? Qual è la tua routine lavorativa? Hai tante telefonate da fare? Hai delle riunioni quotidiane? Mandi troppo spesso messaggi a persone che gestisci o ai clienti? Gestisci un'agenda troppo piena di appuntamenti? Hai una to do list?

Scrivi quelle che secondo te sono abitudini che dovresti cambiare perché non aiutano la tua produttività, quali sono?

....

....

Concentrati solo sull'incrementare le abitudini che ti portano valore e non perdita di tempo, focalizzati sul 20% da cui trai il vero cambiamento e interrompi il circolo delle abitudini negative.

Le abitudini, sia quelle produttive che quelle negative, si generano sempre da un segnale che ci fa compiere una determinata azione di routine che porta a una ricompensa, una sorta di gratificazione.

Pensa all'abitudine di prendere continuamente il cellulare quando stai lavorando, quanto tempo e produttività perdi per questa abitudine negativa? In questo caso il segnale scatenante può essere un messaggio WhatsApp che ti fa squillare il telefono, la routine è prendere il telefono per leggerlo e la ricompensa corrisponde alla soddisfazione del bisogno di sapere chi ti ha scritto.

Per rompere lo schema basta riconoscere il segnale e modificarlo (banalmente in questo esempio mettendo il silenzioso e allontanando il telefono da noi).

Seguendo lo stesso principio, prova a individuare il segnale che ti fa scattare l'abitudine produttiva, quindi potenzialo e facilitalo, ad esempio, se occuparti della tua formazione professionale è il tuo obiettivo quotidiano e il segnale che fa scattare la routine dello studio e dell'approfondimento è la visione di materiale formativo, potresti scaricare corsi in video da tenere sul cellulare, podcast, libri digitali, in modo da avere più fonti possibili e facili da usare nel tragitto casa-lavoro o nei ritagli di tempo.

Proprio come nello sport esistono dei parametri su cui far leva per massimizzare le performance, allo stesso modo ho individuato 3 parametri fondamentali da considerare per accrescere l'efficienza professionale a partire dalla misurazione.

Il primo parametro è il volume, il secondo è la qualità e il terzo la differenziazione.

Volume: Fissa la tua routine

Quante cose fai al giorno? Che volume di lavoro ti imponi? È importante che tu fissi una routine di cose da fare che sia efficace e fattibile.

Non sto parlando della classica to do list dove inserisci ciò che è urgente, prioritario o importante, ma di creare liste di azioni col focus su ciò che davvero conta per la tua performance lavorativa, qualcosa che se non fai ti senti poco produttivo per il resto del tempo.

Le liste di cose da fare spesso peggiorano la situazione, sono talmente zeppe di compiti e impegni che risulta complicatissimo portare a termine e incastrare tutto.

Il rischio è che ti senti insoddisfatto a fine giornata pur avendo fatto tanto. Rendi efficaci le tue to do list inserendo al massimo 2-3 impegni grandi, importanti, ad alto potenziale e che prendono il grosso della giornata, più altri 2-3 piccoli compiti.

Puoi iniziare ad esempio la giornata con quella cosa che se fai all'inizio ti dà la carica per fare bene tutto il resto.

Può essere fare quel lavoro importante ma che non ti piace fare, che se però fatto per primo ti cambia l'umore in positivo; oppure potresti voler partire dalle 2-3 attività di minore importanza e più semplici da eseguire per auto-motivarti ad affrontare le sfide quotidiane più impegnative.

Non c'è una regola scritta nella pietra, siamo tutti diversi e devi testare e capire la modalità che funziona meglio per te.

Qualità: valuta ciò che puoi migliorare

L'efficienza produttiva dipende dalla capacità di curare i dettagli, migliorare quello che non va e anche quello che già si fa bene. Migliora l'esperienza dei tuoi clienti, migliora la qualità della tua comunicazione, migliora i tuoi social network professionali, osserva ciò che fai e migliora i processi. Misurare la qualità significa essere critici verso se stessi, dare un voto a ciò che si fa; perciò inizia a valutarti.

Prendi una penna e guardando a te stesso dai un voto da 1 a 10 (dove 10 rappresenta il massimo) rispondendo alle seguenti domande:

Quanto conosci te stesso, i tuoi valori e il tuo scopo?

Quanto sei differente dagli altri professionisti?

Quanto utilizzi il networking nel tuo lavoro e quanti appuntamenti di networking al mese fai?

Quanto è efficace la tua comunicazione?

Quanto ritieni di saper negoziare?

Quanto sei presente sui social e quanto ci lavori?

Quanto sei abile a prendere decisioni?

Quanto hai capacità di farti domande e di usare pensiero critico?

Quanto ti ritieni responsabile delle cose che ti accadono?

Quanto pensi sia efficace il tuo schema di convinzioni?

Quanto misuri i tuoi miglioramenti?

Quanto spesso raggiungi gli obiettivi che ti poni?

Quanto spesso produci nuovi materiali digitali o cartacei?

Analizza i voti che ti sei dato, sicuramente in alcune aree sei già forte, quindi non focalizzarti su quelle, parti dai voti più bassi e inizia a lavorare su quelle aree apportando piccoli e costanti miglioramenti.

Solo quando avrai riportato la situazione in maggiore equilibrio potrai andare a migliorare la qualità delle cose che già fai abbastanza bene.

Migliorare in termini di qualità significa anche esporsi alle critiche costruttive degli altri, per questo è fondamentale valutarsi ma ancora di più sottoporsi a valutazione.

Le migliori aziende hanno questionari di valutazione per ogni servizio, ti chiedono di esprimere un parere sull'esperienza vissuta da cliente; lo stesso devi fare tu da professionista, crea questionari di valutazione e perfezionali, chiedi feedback al tuo capo o ai tuoi colleghi, cerca ovunque spunti per migliorare.

Differenziazione: cosa puoi fare di nuovo?

Nel fitness cambiare esercizio e tipologia di allenamento dà al corpo stimoli nuovi per la crescita muscolare, del livello di forza e della resistenza, variare con criterio gli stimoli allenanti permette di non far stallare i risultati.

Tu sei come un atleta, oggi hai misurato i tuoi punti di forza e le tue aree di miglioramento, e occorre che misuri anche la tua capacità di differenziare il tuo lavoro, di dare alla tua figura professionale nuovi stimoli, chiediti cosa puoi fare di nuovo, quali nuove skills puoi acquisire per fare la differenza, che corsi puoi frequentare.

Solo sviluppando almeno una nuova abilità all'anno riuscirai a tenere il passo con il cambiamento.

5.3   Pianifica e Realizza

Saper sviluppare abitudini produttive è fondamentale, tuttavia quello che è davvero difficile è attuare e mantenere nel tempo ciò che si è deciso di fare.

Decidi di fare un lavoro a inizio giornata e duri una settimana, inizi ad allenarti su nuove abilità e vai avanti per un mese e poi ti blocchi. Vuoi sviluppare nuove modalità di lavoro e nuove competenze ma ti manca la costanza per praticare il cambiamento tutti i giorni.

La nostra vita dipende sicuramente dalle nostre abitudini e decisioni ma ancor di più dipende dalla messa in pratica di comportamenti in linea con le decisioni prese.
Quanti buoni propositi ti sei dato fino ad oggi?

Quante volte a inizio anno hai detto, questo è il mio anno! Devo imparare l'inglese, devo sviluppare un nuovo prodotto, devo trovare 20 nuovi clienti al mese, devo cambiare modalità di lavoro e così via… lo sai bene, passa un po' di tempo e il comportamento non viene portato avanti, l'obiettivo sfuma, la pigrizia prende il sopravvento.

Si legge in giro che esiste la regola dei 30 giorni per sviluppare un'abitudine, io non ci ho mai creduto molto, a volte mantieni una nuova abitudine per anni e poi la perdi, smetti di fumare e riprendi dopo anni, fai un anno di sport e poi molli, inizi a misurare il tuo lavoro e per 6 mesi va benissimo fino a che a un certo punto il vuoto, non segni più nulla, non applichi più la metodica, proprio quando ti sembra di averla fatta tua.

Il problema sta nelle aspettative, forse ti dai obiettivi troppo rigidi, forse sei duro con te stesso quando non rispetti quello che ti sei imposto di fare. Non è questione solo di forza di volontà, ma di allenamento.

Quando esci da un corso di motivazione sei carico a mille, talmente carico che vorresti spaccare il mondo, ma solo con un corso o un libro che ti insegna a raggiungere obiettivi di certo non li raggiungerai, non correrai una maratona solo pensando di farcela o visualizzando il risultato, non alzerai 100 kg in palestra solo avendo letto che è possibile farlo.

Riuscirai a farlo dandoti piccoli obiettivi e costruendoli in modo flessibile, sì perché il problema principale è la rigidità con cui pensiamo alle cose. Vogliamo darci troppi obiettivi insieme e allo stesso tempo mettiamo troppe regole per essere soddisfatti del nostro lavoro.

Un eccessivo perfezionismo, infatti, porta a far calare l'entusiasmo dopo una prima fase di grande energia; appena qualcosa non va secondo i nostri piani siamo portati ad abbandonare sentendo di aver fallito.

Abbiamo paura dei periodi in cui molliamo, ma quelli fanno parte della storia, ci saranno sempre periodi più produttivi e altri meno, l'importante è rimodulare gli obiettivi, rallentare ma non fermarsi.

Una maratona puoi percorrerla in 3 ore o in un giorno, l'importante è portarla a termine e cercare di fare meglio la prossima volta, la gara non è con gli altri, è con te stesso.

Proprio come in palestra, se non riesco ad alzare un dato perso allora scalo, se non ho voglia di andarci 3 volte ci andrò 2 o forse una o farò solo 30 minuti di allenamento alla settimana, ma non mi fermerò, continuerò ad allenare i miei muscoli pensando che 30 minuti alla settimana sono due ore al mese e due ore in un mese se fatte con qualità sono sempre meglio di zero perché non fermeranno la mia abitudine al lavoro.

E se proprio non riesci e vuoi fermarti prendi lo stop non come fine di qualcosa, rimodula il tuo linguaggio mentale, non è uno stop ma un periodo di recupero che ti servirà a rientrare più forte di prima. Pensa che se una cosa l'hai già fatta una volta allora puoi rifarla anche meglio.

Cambia le regole del tuo gioco, rendile più flessibili.

A volte può funzionare sottostimare l'obiettivo, se si tratta di qualcosa di nuovo per noi darsi un obiettivo facile da raggiungere ci stimolerà e una volta raggiunto ci sentiremo soddisfatti e questa motivazione ci porterà a volerlo superare.

Se decidi ad esempio di leggere 10 minuti al giorno, la facilità con cui arrivi all'obiettivo ti porterà gratificazione e abitudine, e aumenterai man mano il tempo di lettura. Non solo, svilupperai quella determinazione che ti fa alzare l'asticella ogni volta verso un obiettivo più grande.

Punta alla luna così alle brutte arriverai alle stelle, questa citazione l'ho sentita più volte, darsi obiettivi sfidanti per motivarsi e impegnarsi al massimo e dare il 200%.

Questo per qualcuno potrebbe funzionare ma generalizzando questo principio si rischia di perdersi nel futuro e non avere il senso della realtà.

La domanda che devi farti è: dove mi trovo ora? Quanti obiettivi mi sono dato quest'anno? Quante volte ho raggiunto gli obiettivi che mi sono dato? Puntare troppo in alto se non sei allenato a costruire obiettivi allenando la tua costanza e determinazione può portare frustrazione nel momento in cui non solo non raggiungi l'obiettivo ma magari non ci arrivi nemmeno vicino.

Sarai severo nel giudicarti per il mancato raggiungimento di qualcosa che forse era in quel momento della tua vita troppo ambizioso per la tua realtà e per il tuo momento specifico. Meglio partire da un piccolo obiettivo come ho detto e monitorare i miglioramenti.

Del resto sei tu il padrone del tuo gioco, devi crearti le regole per vincere.

Un altro errore che spesso si commette è il focalizzarsi solo sul risultato finale, trascurando i vari step e i micro-obiettivi che intercorrono tra lo stato attuale e la situazione desiderata.
Mi spiego meglio, mettiamo che tu voglia aumentare il tuo fatturato del 30% a quel punto l'unica cosa che puoi controllare davvero è il processo che ti fa arrivare o meno al risultato, il piano di azioni che eseguirai, le persone che ti aiuteranno, il monitoraggio giornaliero e settimanale dei progressi anche minimi.

Per questo ho individuato e ti elenco le fasi che ritengo essenziali e che mi hanno aiutato a costruire e realizzare i miei obiettivi, al di là di tutte le sigle e i metodi altrettanto validi che puoi trovare in giro.

Come sempre la mia è una visione critica che analizza le varie teorie e cerca di estrarre e testare quello che funziona meglio.

Per pianificare e realizzare i tuoi obiettivi:

- **Mettiti nel giusto stato emotivo:** lo abbiamo visto in merito alle decisioni, essere nel giusto stato mentale ed emotivo è fondamentale per decidere e lo è altrettanto per fissarsi obiettivi e piani d'azione. Se non sei nel periodo giusto, se sei particolarmente stressato o particolarmente euforico, evita di pianificare obiettivi importanti; lo stato mentale negativo potrebbe influenzarti facendoti sottostimare le tue capacità, mentre l'euforia potrebbe farti sopravvalutare la situazione. Ricerca una situazione di neutralità e serenità emotiva.

- **Scrivi ciò che vuoi precisamente e usa un linguaggio positivo:** Non funziona dire "non voglio restare con lo stesso numero dei clienti", non è un obiettivo, occorre essere più specifici possibile, scrivere gli obiettivi e definire ciò che si vuole davvero, in modo da costruire sfide che siano monitorabili e quantificabili. Meglio scrivere "voglio acquisire 30 nuovi clienti".

- **Collegalo a un altro obiettivo futuro:** a volte funziona se ci diamo uno scopo, una sfida futura che dipende dal raggiungimento del nostro obiettivo. Voglio acquisire 30 nuovi clienti per fare quel nuovo investimento sui social. Legare gli obiettivi ad altri obiettivi futuri aiuta la visione a lungo termine.

- **Fissa una scadenza precisa:** Voglio acquisire 30 nuovi clienti entro il 31-12 per fare quell'investimento sui social il prossimo anno.

- **Parti dal piccolo pensando in grande:** fa' che il tuo obiettivo sia facile da raggiungere inizialmente, nell'esempio di prima se normalmente acquisisci 25-28 nuovi clienti l'anno, 30 può essere un numero semplice da raggiungere per poi alzare l'asticella.

- **Focus:** non puoi fare tutto, abbandona ciò che in questo momento non è prioritario, per fare andare benissimo una cosa molto probabilmente dovrai trascurane un'altra per un po'.

- **Crea l'aspettativa:** dichiara pubblicamente l'impegno o fai un patto con altre persone in modo da accrescere lo stress positivo dovuto alle aspettative che hanno su di noi gli altri. Quando ho deciso di scrivere un libro l'ho detto a tante persone in modo da creare l'aspettativa e avere paura di deluderla.

- **Costruisci un piano di azioni:** spezzetta l'obiettivo in sotto-attività con delle scadenze precise e valuta se ci sono cose nuove che puoi fare o persone che ti possono aiutare nel raggiungimento del tuo obiettivo.

- **Sii flessibile e rimodula:** meglio ridimensionare che abbandonare, quello è il segreto. Se l'obiettivo diventa irraggiungibile, rischi di mollare. A quel punto meglio rimodulare l'obiettivo e renderlo più fattibile.

Ora riguarda l'esercizio precedente, quello in cui ti sei dato voti da uno a dieci. Prendi l'area che vuoi potenziare e costruisci il tuo obiettivo seguendo i passaggi elencati.

Obiettivo..

Sfida collegata...

Cosa puoi momentaneamente trascurare?............................

A chi dirai del tuo obiettivo?..

Micro-obiettivi...

RIEPILOGO DEL CAPITOLO 5:

- SEGRETO n. 1: Tutto ciò che studi non conta nulla senza applicazione, la produttività passa attraverso il fare.

- SEGRETO n. 2: Pensa a tutte le fasi del tuo lavoro e cerca di rendere concreto anche ciò che è totalmente "immateriale" come le tue idee e esperienze, le persone danno valore agli asset più che alle parole.

- SEGRETO n. 3: Tutto ciò che non può essere misurato non può essere migliorato, adotta strumenti di misurazione sempre.

- SEGRETO n. 4: La pianificazione è ¾ della realizzazione, costruire gli obiettivi in modo efficace ti porterà a raggiungerli e superarli.

- SEGRETO n. 5: La rigidità di pensiero è il principale ostacolo al raggiungimento degli obiettivi, sviluppa flessibilità e capacità di rimodulare i piani in corso d'opera.

Conclusione

Sei giunto alla fine di questo viaggio, hai trovato il tuo scopo, i tuoi valori fondanti, hai capito l'importanza di sviluppare la capacità di fare networking.

Sei consapevole che hai bisogno di promuoverti, di renderti visibile anche on-line e di potenziare l'abilità di prendere le giuste decisioni.

Hai approfondito le strategie per diventare coach di te stesso, per imparare a usare un linguaggio potenziante, uno schema di convinzioni che ti è utile, prendendoti la responsabilità di ciò che ti accade.

Infine hai visto come sia importante misurare azioni e abitudini pianificando i tuoi obiettivi.

Perché non ci sono scorciatoie, i risultati non arrivano senza lavoro e impegno, la leadership professionale si acquisisce in un solo modo, lavorando sodo in modo costante e disciplinato in modo da sviluppare sempre più competenza.

Per cui non ti resta che metterti all'opera, ora è giunto il momento di applicare quotidianamente quanto appreso, scrivi il tuo punto di partenza e misura i risultati settimana per settimana.

Ricordati che non esiste solo il piano A, misurando i risultati puoi aggiustare il tiro e rendere flessibili i tuoi piani strategici.

Ora hai gli strumenti necessari per fare la differenza e mettere il turbo al tuo sviluppo professionale diventando un Super Professionista con la S maiuscola. Ma se sei uno che non si accontenta e vuoi risultati mirati, rapidi e che portino al continuo miglioramento, allora hai bisogno di un coach, di un allenatore che agisca da guida e ti faccia evitare gli errori che potresti fare da solo.

Come nello sport un atleta ha bisogno di un trainer che veda le cose dall'esterno e tiri fuori il meglio, così nella vita professionale può essere fondamentale il confronto con un coach esperto.

Non costruisci il tuo corpo guardando gli altri allenarsi, ma sudi e ti impegni in prima persona facendoti guidare da un occhio esperto.

Un coach come un personal trainer ti sta vicino, ti osserva e corregge il tiro se necessario. In tutti questi anni di esperienza ho investito decine di migliaia di euro nella mia formazione professionale e ho studiato e fatto pratica con i migliori coach italiani e internazionali e questo ha fatto la differenza nella mia crescita professionale.

Ho sviluppato strategie e strumenti per potenziare il business e velocizzare la carriera di ogni professionista, basati sul 30% di concetti teorici e il 70% di operatività e se vorrai metterti in contatto con me sarò felice di supportarti e "allenarti" a dare il meglio.

Puoi scoprire di più su di me e su quello che faccio visitando il mio sito:

https://www.robertobrunocoach.it/

O puoi metterti in contatto con me attraverso i social:
Facebook
https://www.facebook.com/robertobrunocoach/

Instagram

https://www.instagram.com/robertobrunocoach/

LinkedIn

https://www.linkedin.com/in/robertobrunocoach/

Non mi resta che augurarti il successo professionale che meriti e lasciarti con il mio mantra:

"Agisci sempre con costanza e perseveranza, studia, allenati misurando i risultati, e scoprirai il vero significato della fortuna".